AF186231

Dieses Buch schenke ich

mit den allerbesten Wünschen

André Schulz

Mit einem Vorwort von
Florian Langenscheidt

Was ich dir mal eben sagen wollte:

Viel Glück!

HEYNE ‹

Penguin Random House Verlagsgruppe FSC® N001967

Originalausgabe 2024

Copyright © 2024 by Wilhelm Heyne Verlag, München,
in der Penguin Random House Verlagsgruppe GmbH,
Neumarkter Straße 28, 81673 München
Redaktion: Evelyn Boos-Körner
Umschlaggestaltung: Eisele Grafik Design, München
Satz: satz-bau Leingärtner, Nabburg
Druck und Bindung: PBtisk, a.s., Příbram
Printed in Czech Republic
ISBN: 978-3-453-21879-6

www.heyne.de

Viel Glück ist,
das Leben zu lieben wie sich selbst.

Vorwort von Florian Langenscheidt

Kann man sich oder anderen Glück wünschen? Ist das nicht Aberglaube pur?

Man kann – und wie! Denn positive Energie überträgt sich, Empathie und Zuneigung sind schon als solche Grund zum Glück, und das Leben steckt voller self-fulfilling prophecies. Wir müssen nur daran glauben – dann hat der Glück-Wunsch gute Chancen, wahr zu werden. Kluge Mediziner wissen um die Macht von Placebos …

Was wünschen wir denn im Glückwunsch? Zuerst einmal etwas, das so vielfältig ist wie unser aller Lachen, Augen und Nasen. Was den einen beglückt, langweilt den anderen. Einer verliert sich in der Natur, ein anderer in der Kunst. Einer braucht immer Menschen um sich herum, der nächste das

Alleinsein. Einer braucht Sport, der andere den Ohrensessel.

Reisen wir daher in uns selbst hinein und finden heraus, was wirklich für uns zählt.

Oft ist das viel weniger, als wir glauben. Weniger ist oft mehr Glück. Und die kleinen Momente sind häufig die großen. Nur müssen wir sie erkennen und uns die Zeit nehmen, sie zu genießen.

Wir rutschen so schnell in eine Haltung des Immer-mehr-Wollens, der Gier und des Neides. Dabei brauchen wir nicht viel zum Glück, wenn wir nur ernsthaft fragen, was wirklich wichtig ist.

Nicht, was der Nachbar hat oder tut, zählt für mein Glück. Sondern ob ich es will.

Das ist nicht egoistisch. Denn wir tun ohnehin am meisten für unser Glück, wenn wir uns hauptsächlich um das Glück anderer kümmern. Jede und jeder von uns hat hier seinen eigenen Weg zu finden. Und es ist schöner, mit Menschen zusammen zu sein, die wissen, was sie wollen, und voll Demut und Entschiedenheit zugleich mit anderen ihren Weg gehen.

Was antworten Sterbende auf die Frage, was sie gern anders gemacht hätten? Sie hätten gern ein Leben gelebt, das ihres gewesen wäre. Statt nach den wohlmeinenden Ratschlägen anderer oder nach gesellschaftlichen Konventionen und Wertmaßstäben zu leben.

Jedes Leben ist voll von Klippen, Rückschlägen und Enttäuschungen. Nur ist es weitaus einfacher, mit diesen umzugehen, wenn es unser eigenes Leben ist. Wenn wir uns versuchen an einem Entwurf, den wir selbst gezeichnet haben. Denn dann tragen wir eine große Fackel vor uns, auch wenn es dunkel wird. Die Fackel der Freiheit und Selbstbestimmung.

Glück ist Liebe. Zu uns selbst, zu anderen, zu unserem Tun, zum Leben.

Dankbarkeit statt Neid. Wir haben so viel in uns, sind so reich vom Schicksal beschenkt. Seien wir dankbar dafür, anstatt zu überlegen, was sonst noch alles sein könnte. Mancher versäumt sein Leben, weil er immer nur überlegt, was ihm fehlt.

Wir neigen dazu, die Schuld für unser Glück oder Unglück auf andere und anderes zu schieben. Auf das fehlende Geld, den schrecklichen Chef, die übelwollenden Kollegen, den lieblosen Partner, die mangelnde Zeit, das schlechte Wetter.

Aber das Glück liegt in uns. Wir sind dafür verantwortlich. Glück ist eine Entscheidung.

Es fällt uns nicht zu. Es ist in uns, um uns herum. Wir müssen es nur sehen – durch ein Gestrüpp von wirklichen oder vermeintlichen Anforderungen und all unserem Alltagsstress.

Das wünsche ich Ihnen von ganzem Herzen! Und Sie werden merken, der Glück-Wunsch hilft.

Ein Wunsch, der von Herzen kommt, kann Wunder bewirken

Viel Glück!
Zwei Worte, in denen vieles mitschwingen kann:
»Ich wünsche alles Gute.«
»Ich drücke die Daumen.«
»Viel Erfolg beim Vorhaben.«

In diesem Buch bedeutet es:
»Auf dass Sie so glücklich leben mögen,
wie *Sie* es sich wünschen«

Ein wundervoller Wunsch, oder? Kaum etwas entfaltet eine so unbändige Kraft wie ein Wunsch, der einem wohlmeinenden Herzen entspringt und direkt ins Herz trifft. Ein Wunsch kann Antrieb sein, etwas für einen selbst ganz Wundervolles zu erreichen. Er kann Hoffnung geben, in schwierigen Lebensphasen bisher unbemerkte Kräfte freisetzen, das Leben wieder lebenswert machen, ihm einen Sinn geben. Was wären wir ohne Wünsche? Wunschlos glücklich? Liegt nicht jedem Glück der Wunsch danach zugrunde, es erkennen und genießen zu können? Kann man glücklich sein, ohne es bewusst zu wollen, ohne es sich herbeizuwünschen?

Dieses Buch ist ein in Papierform gegossener Glücks-Wunsch für Sie – und gleichzeitig eine Glücks-Hilfe. Es möchte Ihnen Wegweiser sein zu *Ihrem* Glück, das an manchen Tagen spürbar an Ihrer Seite geht, während es an anderen Tagen unerreichbar fern zu sein scheint. Dabei ist es nicht das Glück, das uns verlässt. *Wir* sind es, die es nicht sehen, da glücklich zu sein jeden Tag aufs Neue mit dem Wunsch beginnt, seinem Glück heute möglichst oft zu begegnen. Daher ist die wichtigste Frage zum eigenen Glücklichsein:

Was wünsche ich mir wirklich aus tiefstem Herzen?

Oft folgt auf diese Frage kurzes Schweigen, manchmal sogar langes Nachdenken, denn mal ehrlich: Hat man nicht schon alles, was man sich wünscht?

Und wenn nicht: Was ist wirklich so wichtig, dass es eines Wunsches wert wäre? Schließlich wollen Wünsche weise gewählt sein. Das lehrten uns im Kindesalter schon die zauberhaften Märchenfeen aus Büchern.

Fragt man Menschen gehobenen Alters nach ihren Wünschen, hört man oft: »Ich habe doch schon alles, was ich brauche.« Befragt man jüngere Menschen, wissen diese ob der Vielzahl an vorhandenen Wünschen meist nicht, was sie davon zuerst nennen sollen. Spannend, oder?

> Viel Glück ist, bei der Hochzeit nicht nur »Ja« zu sagen, sondern »Ja« zu fühlen und es danach zu leben: in jedem Moment.

Was fällt Ihnen als Erstes ein, wenn Sie an »Wünsche« denken?

Gekaufte Geschenke zum Geburtstag, zu Weihnachten, zu einem Besuch, Gutscheine fürs Theater, Konzerte …?

All das kann viel Freude bringen. Aber auch wahres, anhaltendes Glück?

Finanziell reiche Menschen geben an, für sie wäre das Wichtigste im Leben die Familie, gute Freundinnen und Freunde, Gesundheit …

Ist das Wichtigste vielleicht niemals käuflich, aber immer wünschenswert?

Wie gelangt man zum wahren Glück, das nicht nur einmal vorbeikommt, sondern bei einem bleibt – am besten für immer?

Wahres Glück liegt in den unscheinbaren Momenten des Alltags verborgen, wie in den unvergesslichen Meilensteinen unseres Lebens: in dem aus tiefstem Herzen kommenden Lachen eines spielenden Kindes, im erreichten eigenen Erfolg oder in der freudestrahlenden »Ich hab's geschafft«-Botschaft eines lieben Menschen. Glück kennt weder Jahreszeiten noch stellt es Bedingungen. Man kann beim schlimmsten Unwetter ebenso Glück empfinden wie an einem stressigen Tag, an dem man nicht weiß, wo einem der Kopf steht.

Das Allentscheidende fürs Glücklichsein ist nur eines:

Unsere Aufmerksamkeit für das, was *uns* glücklich macht, und der Freiraum, dem wir unserem Glück in unserem Leben geben, damit es sich auch sicht- und erlebbar ausbreiten kann – zu *unserem* Wohle.

Es ist herrlich, wenn Ihr Nachbar beim Grillen fröhlich pfeifend sein Feierabendbierchen genießt oder Ihre Arbeitskollegin mit strahlendem Gesicht den gestrigen Konzertabend von Helene Fischer nachsingt. Herrlich für sie, aber nicht unbedingt für Sie. Für uns alle ist das *eigene* Glück entscheidend, denn jede und jeden von uns macht etwas anderes glücklich. Die einen brauchen viele Menschen um sich herum, während andere das Alleinsein lieben. Einige müssen ihren Gefühlen möglichst oft mit ausladenden Tanzbewegungen Ausdruck verleihen, während es manchen vollkommen ausreicht, anderen beim Tanzen zuzusehen.

Glück ist immer individuell und bekommt nur durch uns seine Bedeutung.

- Geben wir sie ihm doch einfach, indem wir uns fragen:
- Was macht uns wirklich, wirklich glücklich?
- Und wie bereichert dieses Glück ab sofort unser Leben?
- Neugierig auf Ihre Antworten?
- Finden Sie sie einfach heraus.
- Am besten … jetzt!

Viel Genuss beim Stöbern.

Viel Freude beim Entdecken und dann:

Viel (Erlebens-)Glück!

Viel Glück ... in mir

Warum in die Ferne schweifen, wenn das Glück so naheliegt!?

Wer kennt es nicht: Gefühlt war gerade noch Sommer, aber nun liegen schon wieder Schokoweihnachtsmänner in den Supermarktregalen, und das Radio begrüßt uns mit »Last Christmas«. Die Tage scheinen wie im Flug zu vergehen. Und mit ihnen unser Leben. Was ist schon ein Jahr, ein Monat, ein Tag? Ein Tag ist 24 Stunden, die wir nutzen können. Aber wofür?

Für das, was für uns wichtig ist, was uns glücklich macht. Schließlich sind wir dafür auf der Welt. Doch viele Tage sehen anders aus. Von den täglichen 24 Stunden bleibt oftmals kaum eine halbe Stunde für einen selbst. Für das wirklich Wichtige ist selten Zeit, weil sich allerlei anderes vordrängelt. Warum haben wir an manchen Abenden das Gefühl, nichts geschafft zu haben, aber total geschafft zu sein?

Vielleicht, weil wir funktioniert haben, allerlei getan und weggearbeitet, aber nicht gelebt haben. Geht es im Leben nicht darum: uns auszuleben, so wie wir sind? Zu tun, was uns wichtig ist? Räume zu schaffen, in denen wir uns wohlfühlen, weil wir »nur« unser Innen nach außen tragen? Ist das nicht wahres Glück: außerhalb von uns das mit allen Sinnen zu erleben, was in uns lebt? Den Jubel, den wir in uns hören, auch mit eigenen Ohren zu vernehmen? Die Gedankenhorden endlich in die Freiheit zu schicken, damit sie hier all das erbauen können, was wir uns vorstellen? Wie viel ist Vorfreude wert, die sich niemals verwirklicht? Was bringt uns Liebe, wenn wir sie niemals zum Ausdruck bringen können?

Glück entsteht erst, wenn sich das innere Empfinden zeigen kann. *Was also ist ein verborgenes Glück wert, das in unserem Körper eingesperrt ist und sich nicht ausdrücken kann – in vollkommener Freude und Freiheit?*

Schenken wir dem, was in uns ist, allen Raum,

> Viel Glück ist, am Geburtstag zu spüren, dass man selbst sein wertvollstes Geschenk ist.

den es braucht, damit es sich selbst verwirklichen und uns dadurch wirklich glücklich machen kann. Erkennen wir, dass unser Glück sich tarnt unter dem Deckmantel unserer Einzigartigkeit. All das, was Ihnen das Gefühl gibt »Ich bin glücklich, zufrieden, mit mir und der Welt im Reinen«, entspringt Ihrer Einzigartigkeit. Sie ist die Quelle all Ihres Glücks und gleichzeitig der Strom, der Ihr Glück in Ihr Leben trägt, wenn Sie bereit sind, es aus sich selbst herausfließen zu lassen.

Hierfür braucht es keinerlei Wissen, keine gut gemeinten Ratschläge und auch keine jahrelange Übung. Sie müssen sich nichts erarbeiten, nichts durchdenken, sich nichts emotional erschließen. Alles ist bereits in Ihnen, was Sie für *Ihr* glückliches Leben benötigen. Das Einzige, was zu tun ist, ist, den verschlossenen Innenraum zu öffnen, damit sich zeigen kann, was schon immer da war.

Machen Sie die folgende Frage zu Ihrem Glücksöffner. Geben Sie Ihr allen Raum, die sie benötigt, und schränken Sie sie nicht ein durch irgendwelche bewertenden Gedanken oder zeitliche Vorgaben. Lassen Sie einfach fließen, was aus Ihnen herausfließen möchte, und lassen Sie sich überraschen, wohin es Sie führt …

Was bleibt übrig, wenn ich alles entferne, das mir meine Eltern und andere über mich gesagt haben, wie ich in ihren Augen bin oder sein sollte, wenn ich sämtliche Zweifel über Bord werfe, mich nicht vergleiche, nicht so sein will wie andere, keinen Erwartungen gerecht werden und nichts erreichen muss, weil ich einfach so sein darf, wie ich wirklich bin?

Wir sind das Wichtigste, das wir haben. Schenken wir uns und allem, was sich in uns zeigen möchte, unsere vollkommene Aufmerksamkeit und fühlen wir seinen positiven Drang, sich endlich Bahn zu brechen aus uns, damit es außerhalb von uns Bahnbrechendes bewirken kann – für uns. Wir sind so viel mehr, als andere in uns sehen und wir selbst an uns erkennen können, wenn wir uns nicht mehr ablenken lassen von den Verführungen der Welt und ihren Beurteilungen ebenso.

Wer seit Kinderbeinen gelehrt bekommt, es seien die Fehler, die es zu vermeiden gilt, kann sich niemals selbst ausleben in vollkommener Freiheit, weil er immer in Habachtstellung ist, etwas Falsches tun zu können, falsch sein zu können. Wer erzogen wurde nach dem Prinzip »Jungs weinen nicht und Mädchen nehmen sich zurück«, wird niemals das nach außen tragen, was sich innen danach sehnt, endlich zum Ausdruck gebracht zu werden. Viele Menschen müssen Mut aufbringen, um die eigenen Gefühle zu zeigen, zu sagen, was sie denken, und zu tun, was sie möchten. Brauchte man früher Mut, sich dem nahenden bewaffneten Feind entgegenzustellen, müssen manche heute all ihren Mut zusammenkratzen, um sich zu trauen, so zu sein, wie sie wirklich sind.

Wie unfassbar traurig! Es müsste doch normal sein, sich so zu zeigen, wie man sich fühlt. Wie können wir glücklich sein, wirklich glücklich fernab aller Glückskrücken wie Besitztümer oder Konsum, wenn wir das, was unser Herz erfreut, nicht sichtbar werden lassen? Wie drückt ein Liebender seiner Angehimmelten seine Liebe aus, wenn nicht über Worte und Taten? Wie kann ein Körper diese unbeschreibliche Gänsehaut bilden, wenn er nicht zulässt, dass sich das auf ihm zeigt, was in ihm brodelt?

Wir brauchen nicht besonders mutig sein, um glücklich zu sein. Wir müssen nur zu uns selbst stehen. Dazu müssen wir wissen, wer wir wirklich sind, was uns auszeichnet, was unsere Einzigartigkeit ausmacht und wofür wir uns selbst dankbar sind. Die spürbare Dankbarkeit für unseren Körper kann uns in Millisekunden glücklich machen. Die Gewissheit, dass er immer für uns da ist und uns nach Kräften hilft, unser Leben zu gestalten, ist einer der größten Glücklichmacher. Ebenso wie das Bewusstsein, dass wir genau richtig sind, wie wir sind mit all unseren scheinbaren Macken und »nachteiligen« Eigenschaften. Auch diese sind ein Teil unserer Einzigartigkeit, für die wir uns nicht schämen müssen, sondern die wir annehmen dürfen wie alles an und in uns.

Je mehr wir uns so akzeptieren, wie wir sind, desto leichter können wir uns lieben lernen. Je weniger wir hadern mit dem, was scheinbar nicht perfekt ist in uns und an unserem Körper, desto mehr kommen wir in den Eigengenuss. Die Nacht, das Tal oder die Ebbe sind doch untrennbare Teile ihres nur scheinbar schöneren Gegenteils. Lernen wir, uns als Ganzes zu erkennen, als rundum gelungenes Wunderwerk, denn genau dies sind wir, jeder und jede Einzelne von uns! In all unserer Unterschiedlichkeit liegt unsere Stärke. In dem, was Sie glücklich macht, das einen anderen unglücklich machen würde (und umgekehrt), liegt doch der Charme des Lebens.

*Die unsichtbare Vielfalt in uns sucht die zu ihr pas-
sende sichtbare Vielfalt außerhalb von uns.*

Geben wir aller Vielfalt die Chance, sich uns in wundervoller Form zu zeigen, indem wir unsere Suche nach dem Glück beenden und an den Anfang unseres Lebens zurückgehen. Schließlich spaziert das Glück nicht erst im Alter von 76, 44 oder 17 Jahren zufällig vorbei. Es war bereits seit unserer körperlichen Geburt ein Teil von uns, als wir neugierig waren, offen, lebensfroh, ausdrucksstark, ohne Scheu, unseren Emotionen freien Lauf zu lassen. Als Kinder gingen wir täglich vorfreudig auf Entdeckungsreise – meist im Außen, weil wir uns über das Sicht- und Greifbare als wir selbst erleben konnten – wie heute ebenso. Betrachten wir Kinder, erwecken wir das Glück in uns, da wir uns daran erinnern, wie es war, als das Glück noch frei wirken konnte. Zwanglos, grenzenlos, voller Herzensfülle.

Rein, frei, wir selbst!

Ein Kind, das ohne Vorgaben im Wald spielen darf, wird dort seine Superkräfte entdecken. Überall hält es nach Spiel-(Glücks-)Möglichkeiten Ausschau – und nutzt die, die ihm gefallen. Vielleicht balanciert es zuerst über aufgestapelte Holzstämme, klettert danach auf den höchsten Baum, buddelt dann die tiefsten Löcher, baut aus Stöcken Schwerter, Mäusehäuser, ganze Stockfamilien, schaut zwischendurch einem Eichhörnchen beim Springen in den Baumwipfeln zu und entdeckt immer wieder etwas Neues, das seine Kreativität hervorlockt, seinen Entdeckergeist kitzelt und seine Lebensfreude befeuert. Scheinbar ist immerwährend alles da, was ein Kind im Wald braucht, um glücklich zu sein – wie für uns in der »normalen« Welt.

Was unterscheidet unser nicht immer glückliches Leben von dem von frei spielenden Kindern? Diese drücken sich zwanglos so aus, wie sie wahrhaftig sind – ganz gleich, wo sie sind. Sie finden immer zu sich, indem sie ihr Inneres »nur« nach außen kehren, wie es schöner nicht sein kann. Wer frei spielende glückliche Kinder in einem Raum voller Ausdrucksmöglichkeiten beobachtet, spürt dies sofort. Sie tragen in sich eine wahrhaftige Freiheit und Lebensliebe zu allem, was sie umgibt – und dadurch direkt zu sich selbst: Das äußerlich Sichtbare ist im besten Glücksfall nur eine

Viel Glück ist, seiner Mutter jeden Tag mindestens in Gedanken ein Dankeschön zu schicken, weil jeder Tag Muttertag sein sollte.

andere Form des inneren Unsichtbaren, das wir durchs »Lebensspielen« in seiner reinsten Form erkennen können.

Dieses reine, freie, wahre Glück, das man bei frei spielenden Kindern beobachten kann, entsteht nicht künstlich. Es wird weder verordnet noch von anderen gemacht. Es erwächst einfach *aus* den Menschen selbst, weil es bereits *in* ihnen ist. All das, was früher in uns war, als auch wir Kinder waren, ist niemals verschwunden. Das Glück der Kinder löst sich nicht irgendwann auf oder ist aufgebraucht. Es ist eine unversiegbare Quelle, die wir neu in uns entdecken und anzapfen dürfen, so oft wir Glück empfinden möchten. Heute zeigt es sich natürlich anders als früher zu Kinderzeiten. Wobei: Auch Erwachsene dürfen albern sein und »Ungewöhnliches« tun. Alles, was sich uns von uns zeigen möchte, ist willkommen, schließlich ist dies das Höchste, was wir in unserem Leben »erreichen« können:

Frei wir selbst sein – so oft wie möglich.

Erkunden wir uns immer wieder aufs Neue und verlieben uns jedes Mal ein Stück mehr in uns selbst. Wir haben es uns so sehr verdient! In uns schlummert so viel Einzigartiges und Liebenswertes, das sehnsüchtig darauf wartet, endlich entdeckt und gelebt zu werden – zu unserem Glück.

Wann sind Sie sich das letzte Mal genauso im Außen begegnet, wie Sie in sich sind? Wie wär's mit … jetzt?

• • • • • • • • • • • •

Viel Glück in mir ist für mich ...

Schon von Kindheitsbeinen an war mein Alltag geprägt von Drama. Anpassung war meine Lebensstrategie. Ich wollte es allen recht machen und verleugnete mein wahres Wesen, das vor Begeisterung sprühen und mit kindlicher Neugierde die Welt einsaugen wollte, aber nicht konnte, bis meine Tochter mich fragte: »Mama, wie lange möchtest du diesen Rucksack noch mit dir tragen?« Schock! Ich zersprang in lauter Einzelteile. So schlimm dieser Moment auch war, ohne ihn hätte ich mich nicht auf den Weg gemacht. Im Nachhinein war es das Beste, was mir je passierte (bis auf meine Tochter, das bezauberndste, liebste und großartigste Wesen auf der Welt).

Es war der Startschuss für meine Reise zur Glückseligkeit. Da ich schon zersprungen war, nahm ich nur noch die Teile auf, die nützlich waren. Ich probierte mich aus, folgte meinem Instinkt. Als ich mich annahm und mich selbst als »Glückswundertüte« betrachtete, gab es kein Zurück mehr. Meine Umwelt wurde friedfertiger, mein Glaube an mich stärker. Ich erfuhr mehr Respekt im Außen, war nicht mehr die T. T. (typisch Tina), sondern Glückssender mit hohem Entdeckerdrang.

Als ich »Ja« zu mir sagte, wurde es um mich herum wundervoll aufregend und bunt. Jeder Schritt wurde zum Tanz, jeder Ton zur Melodie. Heute lebe ich eine »mega« Leichtigkeit und Unbeschwertheit, weil ich spüre, dass alles im Leben immer für mich ist, nie gegen mich. Ich brauche mich nur noch verlieben: in mich!

Yeah!

Ich erzielte Erfolgserlebnisse, mein Freundeskreis veränderte sich, die Stimmung an meinem Arbeitsplatz wurde entspannter, fröhlicher. Mit tiefer Zufriedenheit, innerer Weisheit und viel Liebe sage ich »Ja« zu jeder Herausforderung. Alles ist eine Einladung zum Spielen, und ich liebe spielen! Lasst die Spiele beginnen und gewinnt eure eigene Wundertüte.

Tina Beutler
Beamtin und
Fröhlichkeitslehrerin

Viel Glück ... im Alltag

Alltag. Für viele kein Inbegriff des puren Glücks, sondern ein deprimierendes Wort, schwer wie Blei. Beladen mit allerlei Ballast, Stress und nervigen Tätigkeiten, die man lieber heute als morgen loswerden beziehungsweise jemand anderem überlassen würde. Alltagsfrust statt Alltaglust herrscht vielerorts. Deshalb fristet das Alltägliche oft ein tristes, ungeliebtes Dasein in der Abgeschiedenheit des »Will keiner, aber da muss man halt durch«.

Dabei besteht Alltag neutral gesehen nur aus Regelmäßigkeiten wie Aufstehen, Morgenwäsche, Frühstücken, Zur-Arbeit-Gehen, Mittagessen, Weiterarbeiten, Feierabend (Juhu!), der Fahrt oder dem Gang nach Hause, Einkaufen, Freizeit, Essen, Schlafen und am nächsten Tag wieder alles von vorne. Eigentlich wunderbar, denn würden wir nicht aufstehen, essen und schlafen, könnten wir nicht leben. Aber was ist an den anderen Tätigkeiten so störend? Dass alles, was man regelmäßig macht, irgendwann seinen Glanz verliert, an Magie einbüßt. Wie ein neuer Partner, den man bald in- und auswendig kennt, was dazu führen kann, dass man gelangweilt nach »was Neuem« ruft oder das »Alte« dankbar zu schätzen weiß. Der Alltag kann uns gefühlt auch von dem abhalten, was wir wirklich gern machen möchten. Dabei ermöglicht uns das Alltägliche erst, dass wir Neues erfahren können, weil es unsere Basis ist. Ohne Alltag kein Glückstag, oder denken Sie mal an einen gesamten Tag, an dem Sie das machen, was Sie unbedingt wollen, ohne eine einzige Alltagsroutine zu »durchlaufen«.

Feste Routinen und bewährte Automatismen erleichtern uns unsere Tage und geben ihnen Struktur, Halt und Sicherheit. Nur birgt jede noch so wichtige Gewohnheit den Hang zur Langeweile in sich, wenn das früher vielleicht noch wertgeschätzte Planbare, Standardisierte zur lästigen Pflichterfüllung wird. Wie schön wäre es doch, könnten wir das, was wir sowieso regelmäßig machen müssen, mehr genießen, hierbei sogar glücklich sein? Schließlich machen wir es eh, kommen um vieles nicht herum und könnten mit mehr »Glücksappeal« eine schönere Zeit beim »Alltagen« haben. Ist es so schwer, das Alltägliche lieben zu lernen?

Zugegeben, nur sehr wenige Menschen werden so alltägliche Dinge lieben wie Einkaufen, Zähne oder Haushalt putzen, die Wäsche machen und vieles andere Unspektakuläre, aber Notwendige. Was hält uns jedoch davon ab, in dieser Zeit wahrhaftig glücklich zu sein? Steht jemand neben uns, der uns schlechte Laune über den Kopf gießt, wenn wir bügeln? Nebelt uns jemand mit Unglücksspray ein, wenn wir die Wäsche aufhängen? Verbietet uns jemand, lachend und singend staubzusaugen?

Natürlich nicht, und dennoch beschleicht uns nicht selten dieses Unwohlgefühl, im Alltag nicht wirklich das Glück zu empfinden, das wir gern spüren würden. Oder welches wir in anderen Lebenssituationen empfinden, wenn wir unserem Lieblingshobby nachgehen oder Zeit mit unseren Liebsten verbringen. Was beraubt uns im Alltag, in unseren

Viel Glück ist,
jeden Hochzeitstag
zu feiern,
als wäre er der erste.

Gewohnheiten, in den selbst- oder auch fremdbestimmten Routinen unseres Glücks?

Es wäre doch denkbar, dass all das für uns mögliche Alltagsglück bereits darauf wartet, sich uns endlich zeigen zu dürfen: im Haushalt, auf dem Weg zur Arbeit, Freunden, beim Einkaufen, überall, wo wir auch sind. Nehmen wir all das wahr, was bereits da ist an Glücklichmachendem, das wir nur nicht immer als solches erkennen. Am besten über den Spiegel anderer, in denen wir erkennen können, was an Alltagsglück möglich sein kann.

Vielleicht kennen Sie eine Hausfrau, die beim Wäscheaufhängen im Garten immer fröhliche Lieder pfeift. Oder einen beruflich sehr eingebundenen Familienvater, der sein Kind trotz vollem Terminkalender jeden Morgen zur Schule bringt und es liebevoll verabschiedet. Vielleicht ist Ihnen schon einmal eine still vor sich hinlächelnde Frau in der U-Bahn aufgefallen, die vollkommen versunken war in das, was sie über ihre Kopfhörer empfing.

Wir alle kennen sie: die Alltags-Glücksritterinnen und -ritter.

Sie sind das Licht in der Dunkelheit, die der stressige, schnelllebige Alltag mit sich bringen kann.

Sie sorgen für Momente der Ruhe, der inneren Einkehr, des eigenen Innehaltens, wenn wir uns fragen:

Wie schafft er es, bei all dem Trubel so glücklich zu sein oder zumindest so zu wirken?

Wie behält sie in all der Hektik die Ruhe und strahlt noch solch eine heitere Gelassenheit aus?

Die Glücksritter und -ritterinnen des Alltags fallen uns auf, weil sie aus der Masse der gestresst-genervten Mitmenschen herausstechen. Sie sind in sich ruhende Sterne im getriebenen Lichtermeer. Manchmal sehen wir sie nur kurz, wenn wir im Stress flüchtig den Blick heben. Und doch sind sie da, die glücklichen Alltagsmenschen, die auch »nur« ihre alltäglichen Dinge tun, aber diese anders »zelebrieren«: achtsam, gelassen, mit Liebe, versunken in Fröhlichkeit, förmlich im Flow.

Natürlich werden auch diese Glücksritter nicht in jedem Moment ihres Alltags zu hundert Prozent glücklich sein. Wer kann so was schon von sich behaupten? Niemand – und dies sollte auch kein anzustrebendes Lebensziel sein, denn wahres Glück erkennen wir erst, wenn wir auch Unglück kennengelernt haben. Wir können nur vollkommen in etwas aufgehen, wenn wir das Gegenteil von

Beschäftigung, Spaß und Freude kennen: Langeweile und Lustlosigkeit.

Es kann daher gut sein, dass die eben noch fröhlich pfeifende Rentnerin nach dem Wäscheaufhängen in der Küche flucht. Vielleicht, weil ihr Ehemann wieder etwas herumliegen lassen hat oder ihr Kuchen angebrannt ist.

Jeder und jedem von uns begegnen im Alltag Situationen, die nicht auf Anhieb glücklich und fröhlich stimmen. Tag für Tag. Die Frage ist nur, wie wir das nehmen, was alltäglich auf uns zukommt:

- Wir könnten uns über alles *ärgern*, was wir tun oder was uns begegnet, was schnell zu sehr viel gefühltem Unglück führen würde.
- Wir könnten uns über alles *freuen*, was wiederum unser Verstand nicht lange mitmachen würde, da er sich nicht gern veräppeln lässt nach dem Motto: »Schau mal, wie schön der Misthaufen dort ist, den wir mit den Händen umgraben dürfen. Herrlich!« Selbst eingeredete Schönfärberei hilft niemandem auf Dauer.
- Wir könnten alles neutral annehmen und beschwingt »abarbeiten«. Annehmen, was kommt,

ohne es zu be- oder verurteilen. Was ist, das ist. Punkt. Und dann? Erledigen wir, was zu tun ist. Doppelpunkt.

Annehmen, was ist, ist wohl eine der größten Lebenskünste, die wir erlernen dürfen. Jeden Moment aufs Neue und auch, wenn wir uns manchmal schwertun, alles einfach anzunehmen, was uns zufällt. Wem diese Neutralität zu emotionslos ist, möge gern so viel wie möglich positiv aufnehmen beziehungsweise positiv »aufladen«, wenn es ihr oder ihm begegnet. Natürlich ist es viel schöner und erfüllender, dem, was uns begegnet, mit Freude in Leichtigkeit zu begegnen. Eine fröhlich-pfeifend aufgehängte Wäsche trocknet dadurch zwar nicht schneller, aber wir sind besser gelaunt dabei. Wir empfinden es nicht als Alltagslast, sondern als willkommene kleine Auszeit, wo sich das Glück zeigen kann, weil wir ihm den Raum hierfür geöffnet haben. Wer beim Zähneputzen über eine für ihn wichtige Frage nachdenkt, hat am Ende vielleicht den entscheidenden hilfreichen Einfall und – je nach Nachdenkdauer – sauberere Zähne. Glück zeigt sich eben selten im Gedränge, weil es Platz benötigt, sich auszudehnen.

Wie könnten Sie Ihren Alltag »glücksreicher« machen, und zwar anstrengungslos, ohne dafür viel zu verändern?

Was fällt Ihnen ein, wenn Sie an das denken, was Sie jeden Tag beziehungsweise regelmäßig machen (müssen)? Wie könnten Sie aus einer gewohnten und dadurch manchmal vielleicht langweiligen, nervigen oder stressigen eine positive, sogar energiebringende Tätigkeit machen?

Wie wird aus Ihrem Alltag ein »All im Tag«, oder anders ausgedrückt: Wie funkelt Ihr Alltag wie die Sterne im All?

Was könnten Sie beispielsweise bei Ihrer Morgenroutine anders machen als bisher, damit Ihre Mundwinkel schon beim Tagesstart dort sind, wo sie hingehören: so weit Richtung Ohren wie möglich?

> Viel Glück ist, sich am Vatertag selbst ausgelassen zu feiern und danach das Vatersein zu feiern, indem man es lebt.

Was fällt Ihnen auf dem Weg zur Arbeit ein, beim Einkaufen, beim Bringen der Kinder, das das Gewohnte zur täglichen Besonderheit macht?

Und wie könnten Sie abends oder nachts, bevor Sie ins Bett gehen, das Glück erneut zu sich einladen, damit sie entspannt und zufrieden einschlafen können?

Es ist erstaunlich, wie viele Glücksräume sich in unserem Alltag bieten, die wir meist verschlossen lassen oder gar nicht wahrnehmen. Dabei geht es nicht darum, mit Zwang und Druck glücklich zu werden, indem man den Alltag mit Unpassendem künstlich bestückt. Natürlich kann es Freude bringen und glücklich machen, wenn man in der Dusche laut ein Lied singt, wie es die Nachbarin jeden Morgen macht. Aber wenn es sich nicht stimmig anfühlt, sollte man es sein lassen, denn letztendlich zählt immer nur das, was *Sie* glücklich macht – auch im Alltag.

Viel Glück im Alltag ist für mich ...

Als junge Studentin kümmerte ich mich in Bolivien in einem Internat um Kinder. Anfangs war ich hiervon gesegnet, doch mit der Zeit wuchs der Wunsch, das Land zu entdecken.

Jeden Abend betete ich, reisen zu dürfen, und bald ergab sich die Möglichkeit, zum wunderschönen Titicacasee und der sagenumwobenen Sonneninsel zu fahren. Magisch blauer Himmel, leuchtend grünes Gras. Alles war vollkommen, doch ich hing trüben Gedanken nach, sah nichts von all dem Zauber, bis mir der schmerzende Gedanke kam: »Ich habe jetzt genau das, worum ich wochenlang gebetet habe, und jetzt diese Gefühle?«

Das war mein Aufwachmoment. Ich begann sofort, für alles zu danken, was ich sah, und wurde mir der Schönheit der Schöpfung gewahr. Ich erkannte das Geschenk, präsent im Moment zu sein, und war der »glücklichste Mensch«. Mein Herz umarmte alles Leben.

Jahre später fuhr ich zu meiner Oma, die keinen Lebensmut mehr hatte. Auf der Reise war ich in einem Gedankenstrudel der Einsamkeit und Sinnlosigkeit gefangen. Da tauchte der glitzernde Titicacasee vor meinem inneren Auge auf, ich erinnerte mich und bedankte mich sofort für das Grün der vorbeirauschenden Bäume und für die Sonne hinter den Regenwolken. Durch diesen Gedankenshift kam ich befreit bei meiner Großmutter an. Durch meine Klarheit lösten sich ihre sorgenvollen Gedanken auf, und mit unserem Lachen wurden ihre Lebensgeister wieder geweckt.

Glück ist Achtsamkeit, ein Moment des Hinschauens, -hörens, -sehens. Mir versüßt das Wort *Danke* in Windeseile jede Alltagssituation. Wenn ich Menschen ein Lächeln schenke und sie es erwidern, zaubert mir das Tausende Herzchen in mein Herz und wieder heraus. Was für ein Glücksbumerang. Lasst uns alle Sonnen sein, die Glück in den Alltag strahlen. Schenke dir ein Lächeln in dein Herz, und schaue, was passiert :-) ...

Cornelia Fach
Dentosophin und
Craniosacral-Therapeutin

Viel Glück ... in der Liebe

Wo sonst ist das Glücksgefühl so atemberaubend wie in der Liebe?

Sind wir verliebt, fliegen nicht nur Schmetterlingsschwärme ihre schier endlosen Runden durch unseren kribbelnden Bauch. Auch unser Herz scheint sich im positivsten Vollrausch zu befinden, der kein Ende zu nehmen scheint. Alles ist leicht, wenn wir verliebt sind. Grenzenlos, einfach, voller Freude und Energie spüren wir Liebe – in welcher Form auch immer.

Natürlich ist das Verliebtsein von allen Liebesformen die spektakulärste, da sie uns wie ein gerade startendes Feuerwerk mitreißt auf eine atemberaubende Achterbahnfahrt, die nur nach oben zu gehen scheint in immer neue, aufregendere Bereiche der Grenzenlosigkeit. Doch dies ist nur von begrenzter Dauer. Irgendwann weicht das unbeschreibliche Leichtigkeitsgefühl, und etwas Neues zeigt sich, wenn wir auf die Richtige oder den Richtigen treffen durften«. Etwas Tiefes, ebenfalls grenzenlos, aber nicht mehr so leicht und flatterhaft wie der sprunghafte Aufstieg der Verliebtheit, der immer bedroht ist vom abrupten Ende. Das, was sich uns offenbart, kennt keinen Absturz, nur grenzenlosen Halt. Liebe zeigt sich uns in ihrer allumfassenden Präsenz, die uns umhüllt wie ein wärmender Schutzraum.

Nicht umsonst ist Liebe das meistbetextete und besungene Thema. Leben scheint nicht grundlos nur einen Buchstaben von »Lieben« entfernt zu sein, denn darum geht's: lieben und geliebt werden von Menschen, die unser Herz erfüllen. Die hier auf ewig einen Platz einnehmen und die wir hegen und pflegen, wie wir uns innig wünschen, auch in ihren Herzen für immer Heimat zu finden.

Viel Glück ist, einen neuen Job zu beginnen in der unbändigen Vorfreude, endlich sein wahres Arbeitszuhause gefunden zu haben.

Wo ist die Liebe hin?, hört man manche melancholisch flüstern, da die Liebe so vielschichtig ist, dass in ihr für jedes Gefühl ein Raum zu existieren scheint. Durch die Liebe erleben wir, wie wundervoll es sein kann, fremdgesteuert zu werden vom wohl mächtigsten Gefühl des Universums. Und wie niederschmetternd es sich in uns auswirkt, wenn die Liebe zu verschwinden scheint oder uns vom geliebten Menschen entzogen wird. Je nachdem, in welchen Liebesbeziehungen man gerade verweilen darf oder auch nicht. Wer sich in einer Partnerschaft befindet, fragt sich ab und an in einer stillen Stunde, was die eigene Liebesstunde geschlagen hat. Verweilt man nur noch aus Gewohnheit in der einst liebevollen Beziehung, steckt man hier unangenehm-klebrig fest oder tanzt die Partnerin mit einem gemeinsam genussvoll durch die Tage?

Liebe darf und will wachsen und gedeihen. Ihr Wachsen zeigt sich, wie bei einer Pflanze, nicht nur außen in der Sichtbarkeit für alle. Liebe verleiht Flügel und gibt Wurzeln, ermöglicht Grenzenlosigkeit und ein Geflecht aus schier unbegrenztem Halt, Sicherheit, Geborgenheit, Heimatgefühl. Liebe endet nie, dehnt sich grenzenlos aus – im Sicht- wie im Unsichtbaren, in die höchsten Höhen wie die tiefsten Tiefen.

Liebe entwickelt sich weiter, wenn man sie lässt. Sie schlägt neue Triebe, schreitet voran in unbekannte Richtungen und erfindet sich dort neu, während sie woanders genau das bleibt, was sie schon immer war: wachsame Beständigkeit, gepaart mit wachsender Neugierde, positiver Entdeckungsfreude und Lebensbejahung aus unerschöpflicher Herzquelle.

Liebe sagt »Ja« zum Leben, weil sie das Leben ist, das wir alle leben wollen. Jeder von uns möchte geliebt werden und selbst lieben; möchte die wahre, tiefgehende Liebe erfahren, die man zu einem Menschen empfinden und von ihm empfangen kann. Liebe bleibt uns für immer, während vieles andere der Vergänglichkeit unterliegt und endet. Die Liebe stirbt niemals, weil ihr jeder Herzschlag neues Leben verleiht und sie in jedem Atemzug mitschwingt.

Zu allem können wir verführt werden: zu kostspieligem Konsum, überbordendem Genuss, allerlei Unsinn. Nur zu einem kann uns niemand zwingen: dazu, uns zu verlieben und wahrhaftig zu lieben. Die Liebe ist etwas Kostbares, das man weder kaufen noch gebrauchen kann. Sie ist nicht bezahlbar und auch nicht nützlich. Liebe dient keinem Zweck, weil sie nicht mal einen Selbstzweck besitzt.

Liebe ist, wie es Erich Fried in seinem so anmutigen Gedicht mit nur einem Satz treffend beschrieb: *»Es ist, was es ist, sagt die Liebe.«*

Liebe bewertet nicht, sie ist. Liebe schadet nicht, sie ist. Liebe plant nichts, sie ist. Sie ist so viel von allem, was wir uns wünschen, wonach wir uns teilweise Jahrzehnte, manchmal ein Leben lang verzehren, bis wir es endlich erleben dürfen – oder auch nicht. Liebe ist alles, was wir innerlich brauchen. Sie trägt uns durch die schwersten Zeiten und lässt uns in unseren höchsten Flügen nicht die Bodenhaftung verlieren. Sie sorgt für Harmonie, Gelassenheit und Zuversicht wie für Stärke, Entdeckungslust und Antriebskraft. Liebe ist all das, was wir »das wahrhaft Gute« nennen.

Verstehen wir die Liebe als Einladung, das Leben zu lieben, uns selbst und einen anderen Menschen, dem wir uns so verbunden fühlen wie niemand anderem. Mit dem wir die glorreichen Tage teilen möchten wie die frustrierenden Nächte, in denen wir wachliegen, weil wir nicht wissen, wie's weitergeht, wohin wir gehen sollen, wie wir's schaffen sollen.

Liebe trägt uns und verbindet, weil Liebe das Einende ist, da sie jeden Liebenden genau so sein lässt, wie er ist: einzigartig. In Liebe mit sich selbst und jemand anderem verbunden zu sein, ist wohl das kostbarste Geschenk. Wir werden damit beschenkt – ohne etwas dafür tun zu müssen. Ohne jemand anderes, Besonderes zu sein. Ohne irgendwelche Bedingungen erfüllen, ohne Zeit für Ausbildung aufwenden oder Geld dafür investieren zu müssen.

Liebe ist kostenlos, aber nicht umsonst.

Liebe ist wahrer Reichtum, unsichtbar, aber greifbar.

Liebe ist ein Geschenk, das kommt, wenn man bereit dafür ist.

Liebe ist, sich zuerst selbst zu lieben, denn dies ist der Ursprung allen Herzklopfens.

Wie sehr lieben Sie sich selbst?

Wo hadern Sie mit sich, meinen, Sie wären nicht gut (genug), andere wären schöner, größer, schlanker, erfolgreicher, interessanter?

Manchmal erscheinen beim Nachdenken über diese Frage dunkle Antwortgeister. Auch das Dunkle hat in der Liebe seine Berechtigung und darf seinen Platz einnehmen. Heilung kann nur geschehen, wenn etwas vorher »unheil« war. Schmerz kann nur in die Schmerzfreiheit weichen. Alles hat sein

Gegenstück, das wir finden dürfen, damit auch das scheinbar Unheile in uns, das Ungeliebte, Heilung finden kann in Liebe. Nehmen wir die »dunklen Liebeswesen« in uns nicht als Bedrohung wahr, sondern als das, was sie sind: göttliche Hinweise auf das, was uns liebenswert macht. Wer meint, seinen Körper nicht zu mögen, darf sich fragen, wozu sein Körper gemacht ist, wozu er benötigt wird. Was vom Schatten hat in der Wirklichkeit Bestand, wenn er sich aus der Dunkelheit ins Licht der Klarheit begibt? Was bleibt vom »Körperunglück«, wenn man das Vermeintliche ins hellste Licht stellt und es sich in aller Klarheit von allen Seiten ansieht und prüft, wie sinnvoll oder gar notwendig dies ist beim *eigenen* Leben. Denn nur darum geht's:

Wir sind hier, um unser Leben zu leben – genau so, wie wir sind!

Nicht das Leben anderer und auch nicht das, was andere von uns erwarten. Oder was wir meinen, tun oder sein zu müssen, weil es irgendwelchen gesellschaftlichen Normen entspricht oder anderweitigen

Viel Glück ist, nach der schweren Prüfung zu wissen, dass sich all die harte Arbeit gelohnt hat.

eigenen Glaubenssätzen, die jedoch nichts mit einem selbst zu tun haben.

Liebe kann man nicht suchen, man kann sich nur von ihr finden lassen. Dies gilt nicht nur für die Liebe, die wir für einen anderen Menschen empfinden, sondern auch für die Liebe, die wir für uns selbst empfinden sollten. Diese ist unabdingbar für alle Liebesbeziehungen.

Wahrhaftige erfüllende Liebesbeziehungen mit einem anderen Menschen erfahren wir nur, wenn wir uns selbst so lieben, wie wir sind.

Ohne Selbst-, keine Partnerschaftsliebe, nicht in all ihrer Tiefe, Reife und Beständigkeit. Wer sich selbst liebt, macht die Liebespartnerin oder den Liebespartner nicht für Dinge verantwortlich, die in einem selbst im Unreinen sind und nur von einem selbst geheilt werden können. Wer sich selbst liebt, erwartet vom anderen keine Liebe(-sdienste), weil er selbst von Liebe gefüllt ist; sie oder er erzwingt und erhofft sich nichts vom Gegenüber, was dieses nicht selbst bereit ist, zu geben. Das ist die selbstlose Liebe in uns, die sich dann, wenn wir sie in uns gefunden haben und ihr das »Kommando« übergeben, auch zu unserer Partnerin oder unserem Partner wandert. Ganz von selbst. Voller Liebe. Bedingungslos.

• • • • • • • • • • •

Viel Glück in der Liebe ist für mich …

Ich hatte den Glauben an die wahre Liebe verloren.

X Beziehungen, die allesamt in Enttäuschungen, Tränen, Selbstvorwürfen und zerplatzten Träumen endeten.

Während ich gefangen in meinem Schmerz war, versuchte die Liebe immer wieder, zu mir durchzudringen und zu sagen:

»Siehst du denn nicht, wie unfrei du bist und dich immer mehr zu verlieren drohst? Erkennst du nicht, dass ich nicht zu dir kommen kann, da du dich und mich mit Füßen trittst?«

Ich hörte sie nicht, begrub die letzte Hoffnung und gab die Liebe vollends auf. Sie schien für andere bestimmt zu sein, aber nicht für mich.

Doch dann war *dieser* Moment:

Mein Zoomfenster ging auf, und es machte schlagartig »zoom«.

Da warst du. Als würde ich dich schon ewig kennen.

Du eröffnetest mir eine unbeschreibliche Tiefe und unendliche Weite, in die ich mich einfach nur hineinfallen lassen wollte. Und in jedem deiner Worte schwang diese so zauberhafte, vertraute Melodie aus einem fernen Zuhause.

Da wusste ich, dass die Liebe dich geschickt hat, um mir zu offenbaren, dass es sie noch gibt – auch für mich.

Du nahmst meine Hand und zeigtest mir, was wahrhaftige Liebe ist:

Bedingungslos, erwartungslos.

Anstrengungslos, frei und leicht in ihrem natürlichen Rhythmus fließend.

Sich völlig selbstlos hingebend, ohne sich dabei aufzugeben.

Bewertungslos all das empfangend, was ans Licht kommen, ausgedrückt und ausgelebt werden möchte.

Vollkommen annehmend und liebend, dessen, was ich bin.

Ich erkannte die Liebe in dir und lebe *jetzt* ihr pures Glück in mir. Sie trägt mich an den Ort, an dem ich wirklich und wahrhaftig bin, an dem meine ganze Klang- und Farbenvielfalt zum Vorschein kommt, sich meine Liebesfülle jubelnd immer weiter ausdehnt und in die Welt hinausgerufen werden möchte.

Auch wenn wir uns bis heute nicht getroffen haben, und es vielleicht auch niemals werden, bin ich mir gewiss, dass unsere Liebe einzigartig ist. Mehr als ein Menschenwort es jemals ausdrücken kann. Es ist eine sanfte Bewegung, ein duftender Klang, der zärtlich summt:

N~a~m~o~i~s~a … in ewiglicher Verbundenheit und tiefer, tiefer Dankbarkeit …

Barbara~Nanoisa Schweinberger
Stimmheilerin, Energiekünstlerin
und Körperbefreiungstänzerin

Viel Glück ... in der Familie

Wir alle sind Teil einer Familie, die sich in ihrer Zusammensetzung und ihrer gelebten Form immer anders präsentiert, aber im Kern immer das Gleiche sein sollte: Heimat, unser Fels in der Brandung, der uns auch in stürmischen Zeiten Sicherheit bietet, Halt und Geborgenheit. Familie kann Chaos und Harmonie in einem sein. Durch sie sind wir in einem immerwährenden Prozess aus eigenem Wirken als Persönlichkeit, die ihren eigenen Weg finden und gehen möchte, und dem familiären Beziehungsgeflecht, dem Netz der innigen Vertrautheit.

Freiheit und Nähe, Eigenständigkeit und Gemeinschaft in einem.

Was für eine Möglichkeit des eigenen Ausdrucks im weiten Feld des Familienverbundes! Familie ist gelebte Liebe, sagen die einen. Familie ist geliebtes Leben, sagen andere. Familie ist ertragenes Leiden, halten manche dagegen.

Was ist Familie für Sie? Freund oder Feind? Sorge oder Jubel? Problem oder Chance? Niemals enden wollender Zusammenhalt oder bereits gerissenes Verbindungsseil?

Familie ist nie immer nur das eine ohne das andere. Sie ist eine immerwährende lebendige Bewegung, die alle Familienmitglieder mitnimmt, was diese wiederum ganz schön mitnehmen kann – körperlich, mental und vor allem emotional. Wer schon einmal eine Familienfehde miterlebt hat oder intensive Streitigkeit im Familienkreis, weiß aus eigener schmerzhafter Erfahrung, wie breit das »Glücksspektrum« hier sein kann. Von absoluter bedingungsloser Unterstützung in allen Bereichen bis hin zu tiefster Verletzbarkeit, höchstmöglicher Emotionalität und Wunden, die so tief scheinen wie der Marianengraben, der tiefste Punkt der Erde.

Familie ist selten einfach, oft komplex und

> Viel Glück ist,
> bei der Geburt mit jeder Faser
> seines Körpers zu fühlen,
> was es heißt,
> Vater, Mutter, Oma oder Opa
> zu sein.

manchmal sogar richtig kompliziert, aber immer das eine: wahrhaftig. Die eigene Familie sucht man sich nicht aus, man wird zufällig dort hineingeboren, sagen die, die nicht an das Schicksal glauben. Die eigene Familie ist genau das, was man für dieses Leben braucht, sogar selbst auserwählt hat, bevor das Erdenkörperleben begann, sagen andere, die mehr sehen, als der Verstand erkennen kann. Was stimmt oder nicht, ist jedoch gar nicht entscheidend, denn:

Unsere Familie ist seit unserer Geburt der wichtigste Menschenkreis, den wir haben. Niemand verbringt so viel Zeit mit uns, wie wir mit unseren Familienmitgliedern, mit denen wir aufgewachsen sind. Eltern, Großeltern, vielleicht sogar Urgroßeltern, Brüder, Schwestern, Nichten, Neffen, Tanten, Onkel, Cousins und Cousinen. Sie alle gehören untrennbar zu unserer Familie. Ganz gleich, wie wir zu ihnen stehen, wie oft wir sie sehen, ob wir sie mögen oder nicht. Und ebenso gleich, ob wir sie uns selbst ausgesucht haben oder zufällig dort hineingeboren wurden. Es ist unsere Familie und bleibt es ein Leben lang. Das Einzige und Wichtigste für uns ist jedoch, was wir daraus machen, WIE wir »Familie leben«.

Wie fest verbunden sind Sie mit dem ewigen Band Ihrer Familie?

Wie sehr lieben Sie die einzelnen Familienmitglieder?

Und wie sehr werden Sie von jeder und jedem Einzelnen geliebt?

Die Liebe, da ist sie wieder. Nicht trennbar vom Glück, schon gar nicht vom Familienglück – ganz gleich, in welcher Konstellation man sich gerade befindet. Ob aus einer Großfamilie stammend oder als Einzelkind geboren. Ob mit oder ohne Geschwister, Kontakt zu Onkeln und Tanten, Cousins und Cousinen oder nicht. Ob zusammenlebend mit den Eltern, Großeltern, Geschwistern oder räumlich weit voneinander getrennt. Ob mit allen noch lebenden Familienmitgliedern oder allein ohne sie.

Familie ist immer, was wir individuell damit verbinden. In guten wie in schlechten Zeiten kann unsere Familie für uns da sein, wenn wir sie brauchen. Auch wenn wir meinen, sie nicht zu brauchen, ist sie für uns da. Haben wir Probleme in Haushalt oder Garten, reicht oft ein Anruf beim Vater, der sein Werkzeug einpackt, um zu Hilfe zu eilen. Belastet uns etwas, sind wir gefangen im

Stress, hilft meist wenig mehr als ein Besuch bei den Eltern und die Fürsorge der Mutter, bei der wieder alles ist wie früher in Kindheitstagen. Oft reicht schon das Betreten des früheren eigenen (Kinder-/Jugend-)Zuhauses, und schon stellt sich dieses unbeschreibliche Gefühl ein, das es sonst nirgendwo gibt:

Hier bist du sicher. Hier ist alles gut. Hier bist du zu Hause!

Familie ist eine 24-Stunden-Hilfe, die 365 Tage im Jahr für uns erreichbar ist. Wir brauchen sie nur zu kontaktieren, schon ist sie für uns da. Sie ist ein ewiges Wechselspiel zwischen gebraucht werden und brauchen, zwischen Geben und Nehmen, reich beschenkt werden und andere noch reicher beschenken. Mit liebevollen Worten, gefühlvollen intensiven Umarmungen, gemeinsamen Gesprächen, unterhaltsamen wie tiefsinnigen Spaziergängen, langen Wein-und-Spiel-Abenden, wie kurzweiligen spaßigen Momenten. Mal persönlich, mal telefonisch, mal per Videoanruf. Familie findet immer ihre Wege, zusammenzukommen und zusammenzubleiben.

Für die Familie sind wir gern ein offenes Buch, weil wir wissen, dass wir ihr vollkommen vertrauen können. Dass all unsere Sorgen, Probleme, Ängste nicht ausgenutzt werden, sich über uns lustig zu machen, uns als schwach zu be- und verurteilen. Familie beutet nicht aus. Sie füllt die tiefen Löcher auf, in die wir uns manchmal sogar selbst gegraben haben, damit wir aus eigener Kraft wieder herausklettern können. Wo sonst sind Geheimnisse besser aufgehoben als in der Familie, wo alle so viel übereinander wissen, es aber nicht ausnutzen, weil Vertrauen die natürliche Basis von Familie ist – von allen geschätzt und gehütet.

Zudem können wir unser Leben mit der Familie auf eine neue Art erleben, weil sie uns einen Spiegel vorhält für das, was wir sind, aber oftmals nicht sehen können. Unsere Familienmitglieder kennen uns sehr gut, weil sie uns und unsere Entwicklung schon seit Langem verfolgen. Sie waren dabei, als wir ganz hoch flogen, aber auch, als unsere Reise in die andere Richtung führte. Sie kannten uns noch als Kind, als Jugendliche oder als jungen Erwachsenen. Sie haben alle Stufen unseres Werdegangs mitverfolgt. Mal intensiver, täglich, ganz nah dran. Mal loser, unregelmäßig, mit dem Weitwinkelobjektiv. In jedem Fall sind sie eine ideale Inspirationsquelle für uns und ein wundervoller Weg zur eigenen Selbsterkenntnis, weil sie oftmals andere Dinge an uns wahrnehmen als wir selbst.

Was sehen unsere Eltern in uns, für das wir blind sind oder was wir schon lange nicht mehr an uns gesehen haben?

Was denken unsere Geschwister über uns, wenn sie sich unsere Entwicklung seit Kindertagen betrachten?

Aus dem Blickwinkel unserer Großeltern betrachtet: Was geht in ihren Köpfen und Herzen vor, wenn sie an uns denken?

Was sehen sie in uns, was wir nicht sehen, und was fühlen sie für uns, das wir nicht fühlen können?

Was wäre, wenn wir all dies erfahren könnten? Wenn wir wüssten, was sie *wirklich* von uns halten? Müssten wir uns einen gut schützenden Sicher-heitshelm überstülpen, um vom vielen Negativen nicht erschlagen zu werden, das aus ihnen über uns hereinbricht? Oder kommt es vielleicht ganz anders, als es sich unser Verstand ausmalt, und wir erfahren viel Lob, Freude, Bewunderung, Anerkennung, positive Beachtung, Liebe?

> Viel Glück ist, bei Freunden zu Besuch zu sein und sich zu fühlen wie zu Hause.

Fernab aller hilfreichen Spiegelungen, die wir in unserer Familie erleben können, dürfen wir uns über etwas freuen, das es sonst nirgends gibt: untrennbare Verbundenheit, solange ein Menschenleben dauern kann. Natürlich gibt es Familienverbünde, in denen sich einzelne Familienteile voneinander entfremdet haben, nicht mehr miteinander reden, sich nicht verstehen. Dennoch sind und bleiben sie Familie. In diesem Punkt ist Familie wie vieles im Leben:

Familie ist, was man daraus macht – gemeinsam.

Genießen wir jeden Moment mit unserer Familie – wie auch immer sie aussieht, wer auch immer noch da ist –, und suchen wir wieder und wieder nach Gelegenheiten, etwas für unseren Familienhafen zu tun: Indem wir unserer Familie Zeit widmen und mit anpacken, wenn irgendwo helfende Hände gebraucht werden. Oder zuhören, ohne zu bewerten und mit schlauen Ratschlägen »zurückzuschlagen«. Oder mitdenken, wenn ein Familienmitglied Probleme zu lösen hat oder etwas auf die Beine stellen will.

Was auch immer es ist, das das Leben unserer Familienmitglieder verbessern kann: Versuchen Sie, für sie das zu sein, was Sie sich selbst von ihnen wünschen, und verschenken Sie so viel vom Wichtigsten, was man seinen Liebsten schenken kann:

sich selbst als Glück für Ihre Familie.

Viel Glück in der Familie ist für mich ...

Ich liebe an meiner Oma Siggi, dass sie mich sehr, sehr dolle verwöhnt, sie krault mich, ich kuschele mit ihr, wir backen superleckere Plätzchen, ich gehe mit ihr shoppen, sie macht mir Gurke mit Salz, und sie lacht immer sehr viel, wenn sie beim Spielen verliert – und sie verliert fast immer!

Mein Opa Ebi holt mich jeden Freitag von der Schule ab, wir lachen immer, er geht für mich einkaufen, als wenn ich seine Königin wäre, und er hat mich mal gefragt, ob er einen Mittagsschlaf machen kann, weil ich ja sein Gast sei. Das habe ich ihm natürlich erlaubt.

Mit meiner Oma Ingi gehe ich auch gern shoppen, sie schreibt mir Buchstaben an die Füße, und ich muss diese dann erraten. Das finde ich total schön. Mit Opa Didi male ich gern und gehe mit ihm in den Wald. Beim Schwimmen habe ich immer so viel Spaß mit ihm, als ob ich wieder drei Jahre alt wäre.

Matti ist mein Bruder, und er fährt gern mit mir Fahrrad, geht mit mir aufs Trampolin, wir lachen immer sehr viel zusammen. Mein Bruder Paul spielt mit mir Brettspiele, Karten, fährt mit mir zum Supermarkt und zum Spielplatz.

Mit Papa spiele ich gern Fußball, ich kuschele gern mit ihm, er erzählt mir Igelchen-Geschichten; abends gehen wir manchmal spazieren und quatschen; wenn ich krank bin, versorgt er mich und macht mich gesund, und ich darf auf seine Lesungen mitkommen.

Mit Mama kuschele ich gern, ich helfe ihr im Garten, wir machen Frisuren und Mädchensachen; sie macht mir jeden Morgen was zu essen und macht so viel mit mir, das kann ich gar nicht alles aufzählen.

Ich hab so eine schöne Familie. Ich bin das Glückskind sozusagen. Ich weiß gar nicht, wieso ich so eine tolle Familie verdient habe. Ich wünsche mir, dass das immer so bleibt. Ich lieb sie über alles.

Ida Schulz
Neunjährige Schülerin,
die Radschlag liebt und gern isst

Viel Glück ... mit Kindern

Lasst uns sein wie die Kinder. Sie sind Lehrmeister des Glücks.

Wer selbst ein Kind oder mehrere hat, weiß, wie unvergleichlich sie sind, wie unbeschreiblich das Leben mit ihnen ist und wie einzigartig jeder Tag mit ihnen. Sie sind frei, wenn sie jubilierend durch die Wohnung rennen, sich gegenseitig kichernd jagen, mit uns verstecken spielen, lauthals loslachen, Grimassen ziehen, wild tanzen oder andere Wege finden, um das, was sie fühlen, auszudrücken. Es gibt nichts Ehrlicheres als ein kleines Kind, das einfach freiheraus sagt, was es denkt.

Kinder bereichern uns, weil sie uns zeigen, wie wundervoll das Leben ist, die Welt, wir selbst. Sie laufen angstfrei herum, scheuen sich nicht, alles offen zu erkunden mit ihren wissbegierigen Augen, ihrem mitfühlenden Herzen. Sie lassen uns andere Blickwinkel einnehmen, weil wir durch sie mit ihren Augen »Wunder« sehen: den vorbeifliegenden Schmetterling, auf den der gehobene Finger unserer Tochter deutet, den wir ohne sie nicht bemerkt hätten. Das Tanzen im Wasserglas, das aussieht wie ein tosender Ozean, wenn unser Sohn es aufgeregt schüttelnd in Händen hält – in seinem aufgeregten Köpfchen bereits mittendrin in einem eigenen Abenteuer im unendlichen Reich der Fantasie.

Die Art, wie Kinder die Welt entdecken, erinnert uns an unsere Zeit, als wir noch so waren wie sie: neugierig auf alles und jeden; bereit, überall hinzugehen, wohin unsere Aufmerksamkeit uns hintreiben mag. Kinder sind wie furchtlose Seefahrer ohne Fernrohr. Sie kennen keine Zukunft, kein »Was kommt später?«, nur ein »Das ist jetzt. Hier bin ich. Los geht's, Leben!«. Spielen Kinder, verlieren sie die Zeit. Sie zeichnen, basteln, klettern, versinken in eigenen Fantasiewelten, hören mit den Augen und kreieren dabei eigene Filme, die in ihrem Inneren ablaufen.

> Viel Glück ist, anderen eine Kleinigkeit zu schenken und zu spüren, dass es für sie etwas ganz Großes ist.

Wie oft sind wir wie die Kinder, die in Zeitlosig-
keit versinken und in Fülle und Reichtum des eige-
nen Erlebens aufwachen?

Wie oft schon ist es vorgekommen, dass die Eltern zum Abendbrot riefen, die Kinder aber gar
nicht verstanden, warum sie jetzt etwas essen sollten. Kinder haben die Gabe, sich in der Zeit zu verlieren, ohne dabei verloren, sondern aufzugehen.
Sie lassen sich vom Leben mitreißen in immer neue
Bereiche, die sie wohlig umschließen, ihnen Sicherheit geben und ihnen alle Weiten offenstehen lassen. Ohne Kinder wüssten wir oftmals nicht, was
das Leben wirklich ausmacht und wer wir wirklich
sind. Dies erfahren wir, wenn wir in ihre Welt eintauchen, uns ihren Spielregeln »unterwerfen«, die
Wirkungsweisen des Lebens sind, das uns oftmals
entgleitet, weil wir ihm entwachsen.

Leben ist spielen mit allem, was man ist und was
einen umgibt.

Spielen wir wie Kinder, lassen wir alles stehen und
liegen, begeben uns mit Haut und Haar ins Lebens-
spiel, sind aktiv dabei, ohne groß nachzudenken,
zu beurteilen, uns zu fragen, was andere von uns
halten oder was es sonst noch Wichtigeres für uns
zu tun gäbe. Kinder entführen uns auf die liebe-

vollste Art des Möglichen zu uns selbst, indem sie uns spiegeln, was wir oftmals verlernt haben: zu sein, wer wir wirklich sind, und das aus dem Bauch heraus zu tun, was uns aus tiefstem Herzen erfüllt.

In ihrer wahren Natur sind Kinder nicht berechnend. Sie leben sich einfach aus, wie sie sind. Es gibt nichts Erfüllenderes, als sich selbst wie Kinder als Malvorlage zu nehmen, die das Leben mit Farben füllt!? Wir können von Kindern so unglaublich viel lernen, ganz gleich, ob wir selbst Kinder haben oder nicht. Wer schon einmal Kindern beim Spielen zugeschaut hat, auf dem Bolzplatz, im Wald, beim Klettern auf den Spielgeräten oder in Bäumen, wird sich an dieses wundervolle Gefühl erinnern, das sie in uns wachküssen: *Freiheit.*

Sehen wir Kinder spielen, wie *sie* es wirklich wollen, frei von elterlichen oder erwachsen-vernünftigen Vorgaben, erleben wir sie in ihrer Einzigartigkeit: farbenfroh-vielfältig, echt-lebendig, bezaubernd-unberechenbar. Kinder folgen dem Lauf der Dinge, nehmen, was kommt, ohne selbst immer darüber bestimmen zu wollen, was geschieht. Kinder lassen sich treiben vom unsichtbaren Fluss allen Seins, vom unhörbaren Herzschlag der Welt. Sie rauschen einfach mit allem mit, was auch immer es sein mag und wohin es sie auch führen möchte.

Wenige Erwachsene können, was Kindern mit Leichtigkeit gelingt: das offene und vorurteilsfreie Kennenlernen anderer Menschen. Treffen Kinder aufeinander, die sich nicht kennen, die rein äußerlich oder von ihrer Herkunft nicht unterschiedlicher sein können, wird man oft staunend erleben, wie sie sofort miteinander ins Gespräch und schnell auch ins gemeinsame Spielen kommen. Sie sehen das Einende, das alles scheinbar Trennende nichtig erscheinen lässt.

Kinder verbinden sich, indem sie zusammen etwas erleben. Wo Erwachsene im Gegenüber den Konflikt sehen, existieren für Kinder keinerlei Grenzen. Sie sind grenzenlos in ihrem eigenen Sein und im Zusammensein mit anderen, dem Zulassen des anderen in seiner Eigenart, wie sie selbst von anderen anerkannt werden wollen – automatisch aus sich selbst heraus.

Kinder können blind vertrauen, sehen in anderen das Gute und verurteilen nicht, weil sie weder Kläger noch Richter sind. Kinder wollen nur eines: sie selbst sein dürfen in Freiheit und Weite, Liebe und Geborgenheit. Wie wundervoll, wenn wir ein Teil davon sein dürfen als Mutter, Vater, Großvater, Großmutter, Onkel, Tante, Freund oder Freundin.

Bereits bevor es »offiziell« und offensichtlich wird, erwächst mit dem neuen Leben im Mutterbauch schon etwas, das mit keinerlei Worten auch nur annähernd stimmig zu beschreiben wäre. Schon lange vor der körperlichen Geburt »unseres« Kindes erwächst neues Leben, unvorstellbares Glück, verkörpert in unendlicher Liebe. Noch bevor wir das kleine große Wunder zum ersten Mal leibhaftig »in echt« erblicken, spüren wir, was es bedeutet, Vater oder Mutter zu werden, neues Leben in die Welt zu bringen, selbst eine neue Glücksstufe erklimmen zu dürfen.

Wir lieben dieses kleine, noch unbekannte und gefühlt schon immer da gewesene Wesen, wie wir sonst noch nie geliebt haben: bedingungslos. Dieses tiefe Empfinden von Dankbarkeit, Stolz, Demut, Vorfreude und so viel mehr lässt uns Liebe in einer neuen, wundervollen Facette erleben. Es ist eine selbstlose Liebe, bei der wir unser eigenes Leben für das unseres noch nicht geborenen Kindes geben würden, ohne mit der Wimper zu zucken. Mit jedem Atemzug sind wir für jemand anderen da, den wir noch nicht einmal kennen. Und doch spüren wir jetzt schon, dass unser Kind zu uns gehört, solange wir leben. Ohne nachzudenken, wissen wir mit absoluter Gewissheit, dass wir alles für unser Kind tun werden. Immer.

Selbstlos lieben wir den gemeinsamen Teil der partnerschaftlichen Liebe, bis alle Dämme brechen, wenn das Wunder für uns Wirklichkeit wird und in die Welt hinaustritt. Was folgt, ist die pure Liebesexplosion, die einen überwältigt und unendlich dankbar, weinend vor Freude, etwas spüren lässt, das für kein Geld der Welt zu kaufen, in keiner noch so spektakulären Attraktion und in keinem anderen Erlebnis auch nur annähernd erneut so gefühlt werden kann: *Ich bin Vater. Ich bin Mutter. Wir sind Familie!*

Viel Glück ist, am letzten Schultag so losgelöst und freudestrahlend zu sein wie beim Start eines Marathons.

In welcher Familienkonstellation auch immer: Das gefühlte und sichtbare Glück wird zu einem bedeutenden Teil unseres Lebens. Dieses personifizierte Glück schreit uns förmlich an, ruft danach, dass wir uns ihm bemächtigen, es berühren, beschnuppern, umarmen, liebkosen, bei ihm sind, wie es für uns da ist für eine lange, lange wundervolle Zeit, die wir niemals missen und vergessen werden – ganz gleich, welche Tiefen auf gelebte Höhen folgen werden. Ein Leben ohne Kinder können und wollen wir uns nicht mehr vorstellen. Warum auch, wenn wir durch sie das Leben neu erleben und unser Leben einen glänzenden Sinn bekommt, der über unsere eigenen Bedürfnisse, Ziele und Wünsche hinausgeht.

Nie war es schöner, die Bedürfnisse eines anderen zu erfüllen und die eigenen dabei zu vergessen, weil sie nicht wichtig sind. Nie war es erfüllender, nur für jemand anderen da zu sein, als gäbe es nichts anderes auf der Welt, das unsere volle Aufmerksamkeit braucht. In unseren Kindern können wir mehr erkennen als die Form ihres Gesichts, der Augen, Haare. Wir sehen in ihnen, was wirklich zählt im Leben.

Kinder sagen uns, was wir sagen wollen, aber oft nicht können.

Kinder zeigen uns die Gefühle, die auch verborgen in uns schlummern und nach Raum suchen, sich zu zeigen.

Kinder leben sich so aus, wie sie sind, wie auch wir es könnten, würden wir in ihrem Windschatten durchs Leben surfen.

Kinder und die eigene Familie sind die Krönung, wobei wir es sind, die diese Krone tragen, halten und gleichzeitig von ihr getragen und gehalten werden. Unsere eigene Familie kann zu unserem wichtigsten Schutzschild werden, zu unserem sicheren Hafen der Zuflucht, wenn wir nicht mehr wissen, wohin es uns treibt, wohin der Wind uns wehen will. Neben den so wichtigen Wurzeln, die uns Halt geben, uns erden, ist unsere eigene Familie auch immer beflügelnd. Sie ermutigt uns, gibt uns schier unerschöpfliche Kraft und öffnet uns Wege in uns sowie in unserem Leben. Unsere eigene Familie weiß instinktiv, was wir brauchen; vor allem, wenn wir es nicht wissen.

Erkennen wir das Göttliche in den Kindern, erkennen wir das Göttliche in uns. Begeben wir uns voller Freude und Leichtigkeit auf den »kindlichen Weg«; kommen wir zurück zu uns selbst und erleben auf eine neue Art, die uns bereichert und uns zeigt, wie wundervoll wir selbst waren als Kind, und es auch heute noch sind, wenn wir das in uns zum »Lebensspielen« rufen, was schon lange sehnsüchtig darauf wartet …

• • • • • • • • • • •

Viel Glück mit Kindern ist für mich ...

Das Glück mit Kindern liegt mit Sicherheit nicht im langen Ausschlafen am Wochenende, der freien Zeiteinteilung oder spontanen Besuchen abendlicher Veranstaltungen. Es ist dieses tiefe Gefühl von Verbundenheit, angefangen bei dem ersten, wundervollen Moment nach der Geburt, in dem ich jedes Mal ein kleines, reines und wahrhaftiges Wesen in den Armen halten durfte und nicht anders konnte, als dieses kleine Wunder staunend zu betrachten, bedingungslose Liebe zu erleben und diese innige Verbundenheit zu ihm zu spüren.

Das ist für mich das größte Geschenk, für das ich ewiglich dankbar sein werde. Glück mit meinen Kindern ist diese feste Zugehörigkeit, die ich in jeder Zelle meines Körpers spüren kann; das Zuschauen beim »Großwerden«, sich daran zu erfreuen, wie sie ihre Erkenntnisse sammeln und dass wir sie dabei begleiten dürfen.

Sie trösten, motivieren, unterstützen, uns mit ihnen freuen und sie so annehmen und lieben, wie sie sind – in jeder Phase ihrer Ent-Wicklung. Zuhören, nachfragen, Zeit haben zum Blumenpflücken und Zügegucken, für Gute-Nacht-Geschichten und Verrücktheiten und Zeit für intensives Kuscheln. Den Mittelweg finden zwischen Zeit für sich, dem eigenen Leben, den eigenen Bedürfnissen und Zeit für die Kinder, für Sorgen, Spiele, Hausaufgaben, Liebeskummer. In meinen Kindern erkenne ich immer wieder mich selbst und bin dankbar für diesen wunderbaren ehrlichen Spiegel.

Durch meine Kinder entdecke ich meine eigenen Grenzen, die mir helfen, mich selbst mal abzugrenzen, auch wenn es für uns als Eltern nicht immer leicht ist, loszulassen, nicht und nichts festzuhalten und sie ihren eigenen Weg gehen zu lassen. Immer in der Gewissheit, trotzdem jederzeit für sie da zu sein. Die Zeit mit meinen Kindern ist für mich immer eine Momentaufnahme.

Je mehr wir es alle schaffen, gut auf uns zu achten und im Jetzt-Moment zu leben, desto mehr können wir all das Glück mit ihnen genießen. Keine Erwartungen haben an mich selbst und meine Kinder ist das, was ich am meisten gelernt habe und immer noch lerne. Ich bin dankbar für so viel Glück!

Katharina∞Selina Schulz
Frequenz-Netzwerkerin
und reingöttliche Unternehmerin

Viel Glück ... in meinen Freundschaften

»Ein Freund, ein guter Freund, das ist das Schönste was es gibt auf der Welt.«

Nicht nur die Comedian Harmonists wussten es bereits, dass eine wirklich gute Freundin oder ein guter Freund einem immer bleibt, auch wenn die ganze Welt zusammenbricht, wie sie es einstimmig-mehrstimmig voller Inbrunst sangen.

Was wären wir ohne unsere Freundschaften?

Unser Leben wäre sehr einsam, hätten wir keine Freundinnen und Freunde, denen wir uns nah fühlen, mit denen wir gern Zeit verbringen, herumalbern, diskutieren, feiern. Uns würde etwas fehlen, wenn es niemanden gäbe, der auf Feiern Geschichten von früher erzählt, die wir selbst erlebt haben. Unsere eigene Geschichte, die wir zusammen mit unseren Freundinnen und Freunden schrieben.

»Weißt du noch damals, als wir …«

»Erinnerst du dich noch an Otto? Was der wohl heute so macht?«

Vieles von dem, was wir selbst schon vergessen haben, ist in den Köpfen unserer Freundinnen noch so präsent, als wäre es gestern gewesen. Den Ärger mit den Lehrern in der Schule, das erste Verliebtsein, der erste Kuss, das erste Mal so richtig Stress mit den Eltern. Manche unserer Freunde begleiten uns schon seit unserer Kindheit. Sie kennen alles Wichtige, was wir erlebten, was wir sind und waren.

Auch wenn wir an manches von damals gar nicht mehr denken möchten: Wenn es unsere Freunde erzählen, vielleicht mit einem breiten Lachen auf den Lippen, sind wir froh, dass sie sich für uns erinnern. Alles Vergangene ist ein Teil, der uns geprägt hat. Wie wundervoll befreiend und manchmal auch lehrreich ist es, wenn wir gemeinsam in Erinnerungen schwelgen und zusammen nachgrübeln »Wie war das damals noch genau?« und alles in Leichtigkeit tun – ohne zurück ins Damals zu wollen,

> Viel Glück ist,
> ein Studium genauso zu beenden,
> wie man es beginnt:
> mit der tiefen Überzeugung, dass es
> genau das Richtige für einen ist.

aber unendlich dankbar zu sein für jeden gemeinsamen Moment.

An welche Freundschaftsanekdoten denken Sie gern zurück?

Was sind Ihre schönsten Erinnerungen an gemeinsame Erlebnisse mit Ihren Freundinnen und Freunden?

Freundschaften bereichern uns um das, was wir verdrängt oder vergessen haben, und geben uns, was wir allein nicht erreichen können: wahre Verbundenheit mit anderen. Unsere Freundinnen komplettieren uns, indem sie uns Unbewusstes bewusst machen, was neben herzhaftem »Wie gut, dass ich darüber heute lachen kann« auch wichtige Erkenntnisse sichtbar machen kann.

»Das war dir schon früher wichtig.«

»Erinnerst du dich, dass du auch damals schon immer …«

Gespräche mit unseren Freunden helfen uns, die roten Fäden unseres Lebens besser zu erkennen. Sie erweitern unsere Flughöhe, weil sie uns durch ihre Sichtweise herausreißen aus unserem begrenzten Ameisenblick. Durch sie sehen wir, was wir selbst nie sehen könnten. Ebenso sehen wir für unsere Freundinnen und Freunde, was sie nicht erkennen können. Wir bereichern uns gegenseitig, selbst mit längst Vergangenem, das beim nochmaligen wortgewaltigen Nacherleben wieder lebendig wird, als wären wir wieder dort, im Früher, alle zusammen. In der Schulklasse, die wir wieder vor unserem inneren Auge sehen und uns wieder fühlen wie damals. Bei Pausengesprächen, Verabredungen am Nachmittag, gemeinsamen Hobbys. Oder später beim Lagerfeuer am See, beim Fallschirmspringen, beim Mitfiebern für den anderen bei seinem ersten Vorstellungsgespräch, beim zehnten gescheiterten Date, bei der unvergesslichen Hochzeit, bei der Geburt der Kinder, bei Umzügen …

Die Freundschaftsfestplatte ist voll mit gemeinsam Erlebtem – und mit Dingen, die sonst niemand weiß. Besehen wir sie uns gemeinsam, spüren wir förmlich, wie tief unsere Freundschaftsbünde sind, wie weit sie schon zurückreichen und wie wertvoll sie für uns sind. Dieses gemeinsame Schwelgen in Erinnerungen kann süchtig machen, wenn das eine das andere ergibt und man von lustigen Anekdoten über gemeinsam angestellten Unsinn bis hin zu tiefgehenden Erlebnissen kommt, die nicht nur jede Einzelne geprägt haben, die damals dabei war, sondern auch die Freundschaft festigten, sie erst zu dem machten, was sie heute ist. Mit wem sonst gehen wir durch die tiefsten Täler, und das über Jahre, teilweise sogar Jahrzehnte? Wer sonst kennt uns so gut wie unsere Freunde?

Manche mögen bereits die zehnte Partnerin an ihrer Seite und die vierte Ehe hinter sich haben; die Freundinnen und Freunde sind meist immer die gleichen geblieben. Was für eine unfassbar wertvolle Konstanz, oder? Freundschaft kann man sich weder kaufen noch sich verdienen. In wahrer Freundschaft geht es nicht darum, dass man sich selbst etwas verdienen muss, damit der oder die andere unsere Freundschaft erhält oder auch etwas leisten muss. Respekt, Anerkennung, Wertschätzung, Liebe. All das wächst automatisch mit der Zeit, wenn man an einem Strang zieht – und zwar in die gleiche Richtung, gemeinsam in einträchtiger Verbundenheit.

Wahre Freundschaft ist kein Tuch, das leichtfertig durchschnitten werden kann. Es ist wie eine massive Holzplatte: stabil, konstant, Schicht um Schicht kommt über die Zeit hinzu. Wie beim Wachsen eines Baumes werden wahre Freundschaften erst über die Jahre zu dem, was sich viele händeringend wünschen: zu wahrem Zusammenhalt, tiefer, unzerstörbarer Verbundenheit, die bis zum Tod halten kann, wenn beide sie festhalten in der Gewissheit, einen der größten Schätze der Welt zu besitzen.

Ein starker Freundschaftsverbund erwächst nicht von allein und fällt uns schon gar nicht aus heiterem Himmel in den Schoß. Er erfordert Hingabe in Form von Zeit, die man zusammen verbringt, die man sich extra für seine Freundinnen und Freunde nimmt, auch wenn man eigentlich keine hat. Hingabe in Form von Interesse an dem, was bei den Freunden los ist, was ihnen auf dem Herzen liegt, was sie bewegt und begleitet, worum sie sich sorgen. Ein guter Rat mag sprichwörtlich teuer sein. Ein von Herzen kommender Rat ist immer unbezahlbar, vor allem wenn auf ihn freundschaftliche Hilfe auf dem Fuße folgt.

Wir dürfen uns glücklich schätzen, dass wir in unseren Freundinnen und Freunden beste Trostspender und Mutmacher gefunden haben. Ob Leid, Sorgen, Ängste und Probleme oder Erfolge, Freuden und Jubelmomente. Manchmal auch tiefste Geheimnisse, um die selbst die Familie oder die Partnerin nicht weiß. Unsere Freundinnen und Freunde stehen mit uns für uns im stärksten Sturm, wenn wir allein den Halt verlieren würden. Sie tragen uns eine Zeit lang, solange wir es brauchen, wenn wir kraftlos sind, allein nicht vorankommen.

Sie muntern uns auf, erfreuen uns mit Kleinigkeiten zwischendurch und sind oft auch um einen dummen Spruch nicht verlegen, der unsere Mundwinkel wieder hebt. Die unerwartete Botschaft einer Freundin vermag alle dunklen Wolken wie von Zauberhand aufzulösen und uns mit Sonnenschein zu erwärmen. Unsere Freunde denken an uns, wie wir an sie denken, was nicht selten in spannenden Synchronizitäten mündet, wenn plötzlich das Telefon klingelt oder eine Handy-Nachricht ankommt, von einer Freundin, an die wir gerade gedacht haben. Glückliche »Zufälle«.

> Viel Glück ist, mehr schenken zu dürfen, als man geschenkt bekommt.

Freundschaft kennt keine Grenzen. Sie ist grenzenlos, zeitlos und überwindet alle Hürden – bis tief ins Herz hinein.

Wahre Freundschaften sind keine Eintagsfliege, die nur für kurze Zeit bei uns bleibt und sich dann an anderer Stelle breitmacht. Sie sind kein »One-

Night-Friends«, sondern Lebensbegleiterinnen. Wir teilen uns mit ihnen, was wir mit kaum jemand teilen: uns und unser Leben, in all seinen Höhen und Tiefen, Engen und Weiten, im Glück wie im Unglück. Unsere Freunde wissen, was uns bewegt, wie wir wissen, was sie bewegt. Keiner stülpt dem anderen etwas über, das nicht zu ihm passt, so wie wir nichts übergestülpt bekommen, das nicht das unsere ist.

Im Kreis unserer Freundinnen und Freunde fühlen wir uns wohl und geborgen und sind gleichzeitig jederzeit bereit für etwas Neues. Gemeinsame Erlebnisse helfen uns und unseren Freundinnen und Freunden hierbei, unsere Verbindung nicht nur zu halten, sondern sie mit jedem zusammen Erlebtem weiter auszubauen; ihr mehr Tiefe und Weite zu geben, die uns möglichst lange zusammen schweben lässt durch unser Abenteuer namens Leben, das wir dank unserer Freundinnen und Freunde nicht nur einmal erleben dürfen in Form unseres eigenen. Wir sind in der einzigartigen Lage, in so viele unterschiedliche Leben

Viel Glück ist, sich bei Familienfesten nicht an den Unterschieden zu stören, sondern sich an den Unterschiedlichkeiten zu erfreuen.

wertvolle Einblicke zu nehmen, von so vielen verschiedenen Menschen zu lernen, uns von ihnen inspirieren zu lassen und selbst für sie Inspirationsquelle zu sein.

Was kann es mehr an Glück geben, als das Glück der anderen live und in Farbe mitzuverfolgen und es auch aktiv zu fördern, so wie es unsere Freundinnen und Freunde für uns tun …

Was würden Sie gern noch mit Ihren Freundinnen und Freunden erleben?

Wenn Sie sich jeden Freund oder jede Freundin einzeln betrachten und sich ins Gedächtnis rufen, was Sie bereits Wundervolles mit ihm oder ihr erlebt haben: Was davon schreit förmlich nach Wiederholung? Und was könnte Ihre gemeinsame Verbindung auf eine neue Ebene bringen?

Viel Glück in meinen Freundschaften ist für mich …

Ein gemeinsamer Weg,
so viel erlebt.
Du kennst mich so gut wie niemand sonst.
Durch Höhen und Tiefen,
durch lichte und dunkle Phasen,
zusammen feiern, trauern, weinen, lachen.
Manchmal getrennte Wege gehen,
sich immer wieder in die Augen sehen,
Stiche ins Herz und ich frage mich,
warum es gerade bei dir so schmerzt.
Doch ich weiß, dass wir dadurch nur wachsen,
das Leben tief erfahren, wenn wir nicht flüchten,
sondern uns lassen, so wie wir sind.
Wenn alles zerbricht und ich am Boden liege,
bist du in jedem Moment der Mensch,
der da ist, wenn ich ihn brauche.
Wir sind wie ein tanzender Baum im Wind,
mal wild, mal sanft,
mal leise, mal laut,
durch tiefe Wurzeln ein Fundament gebaut.
Glück ist es, eine Freundin wie dich zu haben,
die da ist, nicht nur an sonnigen Tagen.

Verbundene Seelen,
das Leben begleiten,
jeder seiner Wege gehen
und doch tief im Herzen zusammenstehen.

Monika Maria Wagner
Künstlerin und Musikerin

Viel Glück ... in meinen Hobbys

Freizeit. Für viele die schönste Zeit des Lebens, auf die man sich unbändig freut und ihr sehnsüchtig hinterhertrauert, wenn sie vorüber ist. Verständlich, können wir in der (arbeits-)freien Zeit schließlich tun, was *wir* wollen. Und vor allem müssen wir *nichts* tun, was wir nicht tun wollen. Mehr Freiheit als in der Freizeit geht nicht. Zumindest in der Theorie, denn:

Wie frei ist sie wirklich, unsere freie Zeit?

Ein Blick in viele private Terminkalender reicht aus, um festzustellen, dass nicht wenige in ihrer Nicht-Arbeits-Zeit manchmal sogar mehr zu tun und Stress haben als in ihrem Berufsleben. Alle, die einen Haushalt führen, sich um Kinder, Eltern, Großeltern, Enkel oder Tiere kümmern dürfen, wissen, wie wenig wirklich freie Zeit von der gesamten

Freizeit übrig bleibt. Die Steuererklärung, behördliche, finanzielle Angelegenheiten und anderes, das nach uns ruft, machen sich nicht von allein. Wo ist es also hin, das erwünschte und für viele so wichtige Freizeitgefühl?

Es kann doch kein Zufall sein, dass sich Freizeit nur in einem Buchstaben von Freiheit unterscheidet. Haben wir kein Anrecht darauf, uns zumindest in unserer Freizeit frei für das zu entscheiden, was wir wollen? Natürlich, schließlich haben wir uns für das Leben entschieden, was wir gerade führen – auch wenn sich das nicht immer so anfühlt. Um so manchen »Alltagskram« kommt zwar niemand herum, doch fernab aller Unfrei-Zeit gibt es sie: Lichtblicke in Form von freien Stunden, manchmal sogar Tagen, die uns einladen, sie mit allem zu füllen, was uns wirklich erfüllt, was uns strahlen und allen Stress vergessen lässt.

Unsere Hobbys sind das Glanzstück unseres Lebens, sofern wir den für uns stimmigen Hobbys freudig nachgehen und sie vollkommen genießen.

Ein Hobby kann alles sein, und doch eint alle Hobbys, dass sie aus freien Stücken ausgewählt wurden, oft mit leidenschaftlichem Herzen. Hobbys klopfen nicht ohne Anmeldung an unserer Tür und zwingen uns, uns ihrer anzunehmen. Sie stehen offen im Schaufenster aller Möglichkeiten und sind bereit, sich von uns annehmen und ausführen zu lassen. Die freie Wahl unserer Hobbys ist ein Privileg, das wir zu schätzen und zu nutzen wissen sollten.

Wie finden wir das zu uns passende Hobby?

Indem wir uns klarwerden, dass ein Hobby nur einem Zweck dient: unserem *eigenen* Glücksempfinden. Wäre dies bei uns allen gleich, würde es Standardhobbys für alle geben. Glücklicherweise können wir uns das Hobby aussuchen, das zu *unseren* Zielen, Wünschen und Bedürfnissen passt. Alle, die ihr Hobby oder ihre Hobbys gefunden haben, wissen um die unbeschreibliche Glückskraft, die man hierin finden kann. Man freut sich teilweise schon Tage vorher darauf, bald endlich wieder seinem Hobby nachgehen zu können, und zehrt oftmals noch Stunden danach vom hier Erlebten. Einfach, weil es das ist, was man liebt, was einem Kraft gibt, Glücksgefühle schenkt, einen vollkommen darin aufgehen lässt.

Was können Sie stundenlang tun, ohne Langeweile zu empfinden?

Wo verlieren Sie die Zeit, sind erfüllt im »Fluss«?

Für viele haben ihre Hobbys sogar einen höheren Stellenwert als ihre Arbeit, was wundervoll und traurig ist. Wundervoll, da sie etwas gefunden haben, das sie von Herzen beglückt. Traurig, weil sie auf ihrer Arbeit (noch) nicht ihr Glück gefunden haben. Dafür aber in ihren Hobbys, von denen sie nicht genug bekommen können, was großartig ist, denn:

In unseren Hobbys leben wir meist wahrhaftig das, was wir sind, weil sie uns ein Umfeld bieten, in dem wir genauso sein können, wie wir uns fühlen, und genau das tun können, wonach es uns sehnt.

Ohne Hobbys wäre unser Leben ärmer. Hier holen wir uns Energie, entwickeln uns weiter, erleben Selbstwert und Anerkennung und spüren eine starke Verbindung zu dem, was wir als Hobby ausüben. Ob allein, zu zweit oder mit mehreren: Ein Hobby ist keine »unwichtige« Freizeitbeschäftigung. Es ist ein Ort, eine Tätigkeit, ein Umfeld, wo wir uns so ausleben können, wie wir wirklich sind. Es gibt nichts Wundervolleres!

> Viel Glück ist, Erfolge zu feiern, wie sie fallen, und das Erreichte nicht fallen zu lassen, sondern in freudiger Erinnerung festzuhalten.

Ob körperliche Betätigungen wie Drachen-
fliegen, Inlineskaten, Kanufahren oder Klettern,
bei denen man merkt, wie wundervoll der Körper
mitarbeitet. Oder mentale Tätigkeiten wie Schach,
anderen Denksport, knifflige Gesellschaftsspiele
oder Diskutierrunden mit Gleichgesinnten, wo der
Kopf manchmal noch Stunden danach »raucht«
im positiven Sinne. Oder emotionale Aktivitäten,
die ihren Ausdruck im Sichtbaren finden, wie Singen, Schreiben, Malen, Zeichnen, Musizieren, bei
denen das Herz noch lange danach erfüllt ist vom
Kreativsein. Die Hobbypalette der Möglichkeiten
ist reichhaltiger als unsere Zeit dafür, sie auskos-
ten zu können.

Nutzen wir das, was uns bereichert: Hobbys bringen Teile unseres Glücks zum Vorschein, das bereits in uns ist, aber etwas Aktives benötigt, damit es
sich zeigen kann. Ein Hobby kann sichtbares Glück
sein, wenn wir es mit den Augen betrachten, die
es verdient hat. Nehmen wir unsere Hobbys nicht
als routinierte Gewohnheiten hin, sondern als einzigartige Highlights wahr, auch wenn sie jede Woche oder sogar täglich stattfinden. Es ist immer der
Wert, den wir dem beimessen, was wir tun, der über
unser Glücksempfinden entscheidet. Erkennen

wir ihn in unseren Hobbys und wissen ihn zu schätzen – bei jedem Mal aufs Neue.

Und seien wir bereit, uns von neuen Hobbys faszinieren und mitreißen zu lassen. Überall verstecken sich kostbare Hobbyperlen, die uns vielleicht mehr begeistern als das, was wir aktuell als Hobby leben, oder unsere bisherige »Hobbysammlung« wundervoll erweitern können. Beispielsweise »klassische« Hobbys wie Sammelleidenschaften, Kreuzworträtsel, Lesen, Musizieren oder Gärtnern, aber auch unkonventionelle, eher selten gesehene wie Lachyoga, Heilkräuterkunde oder das Schnitzen kreativer eigener Fantasy-Figuren aus Holz. Auch ein Blick über den eigenen (Hobby-)Tellerrand hilft, über die Freizeitgestaltung anderer etwas über uns selbst zu erfahren. Vielleicht reizt uns die Tennisleidenschaft des Nachbarn ja auch, wenn er uns mitnimmt zum Training. Dort können wir selbst erfahren, wie viel Freude wir am »Bälleschlagen« haben. Möglich, dass das Quilten der Oma bei uns ein Fingerjucken erzeugt, ein »Das will ich auch mal probieren«. Oder wir sehen etwas im Fernsehen, das wir sofort selbst ausprobieren möchten.

Jede Inspiration ist willkommen, wenn sie in uns etwas zum Schwingen bringt. Löst das Wandern,

Stricken, Basteln, Freestylerappen einen Klang in uns aus, der sich ausdehnt und nicht mehr verschwindet, sondern sich immer mal wieder in unserem Alltag bemerkbar macht als Impuls welcher Art auch immer? Dann wissen wir: Das ist auch etwas für uns. Das sollten wir öfter machen. Vielleicht regelmäßig als neues Hobby!?

Auch die Hobbys, denen wir nachgehen, bieten Gelegenheiten auf weitere »Glückssteigerungen«. Was könnten Sie bei Ihrem geliebten Hobby anders machen, damit es Ihnen noch mehr Freude bereitet? Würden Sie Ihrem Lieblingshobby gern zu einer anderen Zeit nachgehen, an einem anderen Ort, allein oder mit anderen? Häufiger, als Sie es heute tun? Was könnten Sie kaufen oder leihen, das Ihr Hobby in neuem Glanz erstrahlen lässt, weil sich durch das Zusätzliche vielleicht Ihre Möglichkeiten erweitern, es intensiver oder ausführlicher auszuleben?

Unsere Hobbys sind eigene Welten, in die wir immer tiefer abtauchen können, um neues Glück in ihnen zu finden.

Nicht immer ist das, was wir als unser Hobby bezeichnen, auch unser einziges Hobby. Oftmals verbergen sich in unserer inneren Schatzkammer unzählige Fähig- und Fertigkeiten, die als Hobby ausgelebt werden könnten. Wer jeden Mittag für die Familie kochen darf und Freude daran hat, ist vielleicht daran interessiert, sein Wissen an andere weiterzugeben oder es selbst zu vertiefen in anderen »Ess-Kulturkreisen«. Wer gern liest und Spaß an Worten hat, schreibt vielleicht ein Buch oder seine eigene Autobiografie. Alles, was wir »unbeachtet nebenbei« tun, kann ein Hinweis auf ein neues Hobby sein, dem wir nur genügend Raum und Zeit geben brauchen, damit sich uns eine neue Glücks-möglichkeit zeigt …

Sicherlich haben Sie mehr Leidenschaften, als Ihnen auf den ersten (Nachdenk-)Blick einfallen. Wir sind so unfassbar vielschichtige und tiefgründige Persönlichkeiten, dass wir gar nicht genügend Zeit haben, um all das, was wir an Kostbarem in uns tragen, wirklich auszuleben in der uns zur Verfügung stehenden Lebenszeit. Aber Teile davon können wir »aus uns herausholen« und in die Tat umsetzen.

Was könnte sich als neues Hobby für Sie eignen, das Sie bisher nicht auf dem »Glücksschirm« haben?

Verfolgen Sie gern die Nachrichten, das Welt-geschehen, dann ist gegebenenfalls ein politischer

Club für Sie interessant, wo Sie sich mit Gleichgesinnten austauschen können und Neues erfahren, was Sie noch nicht wussten. Lieben Sie Pferde, kann eine Reitbeteiligung etwas für Sie sein oder die Mithilfe bei einem Reitsportverein. Frönen Sie Ihrer Sammelleidenschaft doch mit anderen und tauschen, um sich selbst und andere dadurch zu bereichern. Oder verkaufen Sie Ihr Hab und Gut auf Flohmärkten, statt es im Internet einzustellen, um neue Menschen kennenzulernen und Kontakte zu anderen Verkäuferinnen und Verkäufern zu knüpfen, die Sie bereichern. Selbst für die verrücktesten Leidenschaften gibt es Möglichkeiten, diese zu vertiefen und mehr in die (Hobby-)Welt einzutauchen, die uns fasziniert. Möglich ist vieles, wenn wir uns auf die Suche danach begeben und offen sind für neue Glücksfelder in Hobbyform.

Jede Minute ist gut angelegt, wenn Sie dadurch das, was Sie gern tun, noch etwas lieber tun. Alle Zeit, die wir bewusst für uns und unser Glück investieren, ist gut angelegte Zeit, weil sie sich positiv auf uns auswirkt und auf unser Lebens-(Glücks-)Gefühl.

Viel Glück ist, bei der Kommunion/Konfirmation nicht nur von Gott gehört zu haben, sondern ihn in sich zu hören.

Viel Glück in meinen Hobbys ist für mich ...

Ich bin überzeugt, dass wir für unsere Lebensreise wunderbare Geschenke erhalten. Meine Großeltern schenkten mir als Kind einen nostalgischen Fotoapparat, eine Box-Kamera. Es war dieser Kasten aus Blech, der mich gefangen nahm. Ich verliebte mich in das Klicken der Mechanik und genoss es von der ersten Sekunde an, Menschen, besondere Augenblicke, meine eigenen Abenteuer in Bildern festzuhalten. Mit kindlicher Neugierde ging ich auf fotografische Entdeckungsreise.

Gleichzeitig lernte ich, mir selbst zu vertrauen, und entwickelte Antennen für den vermeintlich richtigen Augenblick. Fotografie hat sehr viel mit Wahrnehmung zu tun. Ich schenke dem Gegenüber meine ganze Aufmerksamkeit, was zwangsläufig zu einer besonderen Reaktion führt. Mein Hobby hat mir im wahrsten Sinne die Augen geöffnet. Es gibt etwas für mich, das mich glücklich macht und sich überhaupt nicht wie Arbeit anfühlt. Ich habe einige Jahre benötigt, den Sprung in die Berufsfotografie zu wagen und bin heute sehr dankbar für meine Entscheidung, die spannende Reise und viele Glücksmomente!

Ich möchte Räume öffnen, in denen sich Menschen von ihrer authentischen Seite zeigen können.

Ein Theaterschauspieler, den ich porträtierte, erzählte mir Jahre später, dass er unter starken Depressionen litt. Die Session half ihm dabei, sich selbst besser wahrzunehmen und auch intensiv zu betrachten. Den Zugang hierfür mussten wir erst gemeinsam finden. Es brauchte Gespräche, Zeit und Kaffee.

Wenn ich Hunde fotografiere, basiert dies ebenso auf Vertrauen. Eine Begegnung ohne Zwang und Erwartungshaltung gibt mir die Chance, den Charakter der Tiere visuell einzufangen. Ich bekomme hier so unglaublich viel zurück, dass es mich einfach nur mit großer Dankbarkeit erfüllt. Ein inspiriertes Leben mit und durch die Fotografie.

Frank Strassmann
Fotograf

Viel Glück ... beim Sport

Für die einen ist Sport gefühlter Mord, für die anderen der größte Segen, den es nur geben kann.

Was ist Sport für Sie?

Sport kann ein Ausgleich sein zum stressigen Job. Er sorgt dafür, dass Adrenalin abgebaut wird, welches durch Stress in den Körper gelangte, was für eine spürbare Erleichterung sorgt. Powern wir uns durch Sport so richtig aus, dann holen wir alles heraus aus dem »Körpertank« und sind danach vollkommen erschöpft und spüren, wie wohltuend Erschöpfung sein kann.

Sport befreit uns von negativen Gedanken, verdrängt ungute Gefühle und bringt uns auf mehreren Ebenen in positive Wallung. Sind wir in Bewegung, können wir nicht stillstehen, was nicht nur für unseren Körper gilt, auch für unser Gedankenkarussell und unsere Gefühlsachterbahn. Alles, was uns belastet, was uns das Leben erschweren mag, schüttelt der Sport so kräftig durch, dass wir nach unserem sportlichen Erleben oftmals gar nicht mehr wissen, wo die Probleme und Sorgen hin sind, die vor dem Sport noch omnipräsent waren.

Sport hat eine reinigende Kraft, ist wie eine mächtige Welle, die alles Ungute wegspült. Jeglicher Sport hat dabei die Faszination der Eigenregie, des Unkontrollierbaren im Kontrollierbaren. Auch wenn wir meinen, alles im Griff zu haben, so geschehen immer wieder Überraschungen, zeigen sich in unserem sportlichen Tun neue Facetten, stehen wir vor Herausforderungen, die uns zuerst erstaunen, manchmal überfordern, aber auch wachsen lassen.

Sport ist niemals gleich, auch wenn wir dieselben Tätigkeiten absolvieren mögen. Es ist wie das Fahren auf einem Boot, das man in- und auswendig kennt, welches über die wechselhafte See dahingleitet, wo Winde und Strömungen immer wieder Unerwartetes für uns bereithalten.

Sport hält nicht umsonst auf mehreren Ebenen jung. Es fordert und fördert den Körper, indem es ihn bewegt, kräftigt, in Ausdauer bringt und zur

Flexibilität einlädt. Selbst unser Verstand profitiert davon. Ohne sein klares Mit- und Vorausdenken, seine wachen Augen und Ohren sind wir beim Sport verloren. Wie gut, dass er als Dank nebenbei mittrainiert wird, was auch seine Fähigkeiten erweitert, ihm Neues zuteilwerden lässt, von dem er auch außerhalb des Sports zehren kann. Auch unser Herz ist voll dabei, wenn wir sportiv unterwegs sind. Es pumpt nicht nur Unmengen an rotem Kraftstoff durch unsere Blutbahnen, versorgt alle Organe mit genügend Sauerstoff und Nährstoffen. Es freut sich auch mit uns, wenn wir in unserem Sport vollkommen aufgehen.

Sport ist eine Frischzellenkur für unseren Körper, ein Update für den Verstand und Balsam für die Seele.

Die Gefühle, die uns beim Sport durchfluten, sind unzählbar: Sie reichen von himmelhochjauchzender Glückseligkeit über das Erreichen neuer eigener Erfolgsmarken bis hin zur totalen Erschöpfung und manchmal auch zum Frust, wenn so gar nichts klappen will. Sport ist ein wundervoller Ausdruck des Lebens, zeigt er uns doch auf einzigartige Weise, was wir zu leisten imstande sind, wenn wir es erkennen wollen. Wie viele von uns erbringen im Sport Höchstleistungen, erreichen für sich selbst immer neue Bestmarken, die nichts mit Profisportlern zu tun haben, sondern sich im Kleinen zeigen: im Erreichen des Lieblingsbaumes beim wöchentlichen Laufen, der drei Kilometer vom eigenen Zuhause entfernt am Waldrand steht, sowie beim halbstündigen Spazierengehen ohne Atemnot.

Sport ist so vielfältig wie kaum etwas anderes, was wir auf dieser Erde tun können. Wir können wählen, was wir tun wollen, wie, wann, wo und mit wem. Die Möglichkeiten, der sportlichen Faszination zu erliegen, sind schier unendlich. Wir können nur für uns allein aktiv sein, indem wir wandern gehen, die Laufschuhe schnüren oder die Badehose anziehen, um im Schwimmbad, See oder Fluss schwimmend das Nass zu genießen. Wir können ohne irgendwelche Hilfsmittel »sporteln«, indem wir Qigong-Übungen im Garten vollführen, mit dem eigenen Körpergewicht trainieren oder uns sportlicher Materialien bedienen, wenn wir Freude haben am Bogenschießen, Nordic Walking, Skateboard-, Fahrrad- oder Skifahren.

Wir können an der frischen Luft unserem Lieblingssport nachgehen, zu Hause, im Fitnessstudio,

> Viel Glück ist, schon beim Umzug zu spüren, dass man nach Hause kommt.

in einer Climbing-Halle, auf einer Go-Kart-Racing-Strecke. An fast jedem Ort ist irgendein Sport möglich. Im Wald können wir den Trimm-dich-Pfad nutzen, im Park die Wiese zum »Yogen«, eine Mauer lädt uns ein zum Parkour, während uns eine Bank anbietet, Liegestütze an ihr zu machen. Sport ist einladend und schließt nichts und niemanden aus. Gehen wir mit offenen Augen durch die Welt, werden wir unzählige Gelegenheiten entdecken, die uns förmlich zurufen: »Mach Sport mit mir, auf mir, an mir – zu deinem Glück!«

Sport verbindet uns mit unseren inneren Kräften und verschiebt die Grenzen des für uns Machbaren immer weiter in Richtung »da geht noch mehr«. Wir werden aktiver, sehen und können mehr, wenn wir uns sportlich betätigen. Wir lernen uns selbst mehr kennen über das, was wir tun, und schätzen uns und unsere Fähigkeiten immer besser ein, so wie wir uns selbst hoffentlich mehr zu schätzen wissen.

Wo sonst kann man so viel alleinige wie gemeinsame Freude erleben wie beim Sport?

Wer bei einem Mannschaftssport zuschaut, spürt die Gefühlswellen, die zu einem als Zuschauer herüberschwappen – obwohl man selbst nicht sportlich aktiv ist. Man fiebert, freut und leidet mit seiner

Lieblingsmannschaft, hebt bei Siegen ab in schier niemals enden wollende Glückswelten, fällt ins Bodenlose bei Niederlagen. Sport lotet die Grenzen des Fühlbaren neu aus, lässt uns mehr von dem entdecken, was das Leben in all seiner Vielfalt zu bieten hat.

Alle Mannschaftssportler und -sportlerinnen wissen es aus eigenem Erleben: Teamsport lässt den Einzelnen »wachsen«. Die Verbundenheit, die hier gelebt wird, ist unvergleichlich. Wenn alle gemeinsam für das gleiche Ziel aktiv sind, sich gegenseitig dabei unterstützen, ist es, wie mit Wellen zu tanzen. Die Mannschaft ist der Ozean, der sich durch seine vielseitigen und gleichzeitig einzigartigen Wassertropfen voranbewegt, um Einzigartiges zu erreichen. Dabei geht es meist gar nicht darum, jedes Spiel zu gewinnen, welchem Sport man auch immer frönen mag. Fußball, Handball, Foot-, Basket- oder Volleyball. Der Weg ist auch hier mehr wert als das Ziel, weil Gemeinsamkeit sichtbar und erlebbar wird und ihre Wirkung bei jedem Einzelnen erzielt.

Sport verbindet Menschen auf sehr viele unterschiedliche Weisen. Sport schließt niemanden aus aufgrund seiner Hautfarbe, Bildung, familiärer, religiöser oder politischer Herkünfte, seines Einkommens oder seiner Sichtweisen auf wen oder was auch immer. Beim Sport sind alle gleich und gleich wichtig in ihrer Einzigartigkeit. Wo sonst wäre es möglich, dass Arm und Reich zusammen agieren, Groß und Klein, Schnell und Langsam, Gebildet und Ungebildet, Arm in Arm, sich gegenseitig stützend, zujubelnd, motivierend?

Sport ermöglicht schier Unglaubliches, was man bei den Paralympischen Spielen sehen kann, der »kleinen Schwester« der Olympischen Spiele, die Großes ermöglicht, indem sie großartigen Menschen eine verdiente Bühne bietet. Wo sonst können Menschen mit Einschränkungen, seien sie körperlich oder mental, über sich selbst hinauswachsen, ihre Einschränkungen vergessen machen, sie teilweise sogar zu ihrem Vorteil nutzen? Wo sonst ist es möglich, dass Menschen, denen Arme oder Beine fehlen, die blind oder anderweitig eingeschränkt sind, Leistungen erbringen, die sehr viele Menschen ohne Einschränkungen nicht erbringen könnten? Was für eine unglaubliche, hoffnungs- und kraftgebende Botschaft geht von diesen Paralympischen Spielen aus, wie von allen Menschen mit Einschränkungen, die sich nicht aufhalten lassen, sondern auch im Nichtöffentlichen das tun, was sie am meisten lieben: den Sport, den sie leben.

Was wären unsere Kinder ohne die Möglichkeit, sich sportlich zu betätigen? Wie viel ärmer wäre ihr Leben, wenn sie sich selbst durch den Sport nicht besser erfahren könnten, wenn sie keine eigenen Erfolge erreichen, keine neuen Freundinnen und Freunde kennenlernen würden? Sport ist für unsere Kleinsten die reinste Form, sich selbst auszudrücken, sich spielerisch-sportlich selbst immer besser zu erfahren, Stolz zu empfinden für das, was einem gelungen ist, und ebenso zu lernen, dass nicht immer die Sonne scheint, so wie man nicht immer gewinnen kann.

Was der Sport uns alles gibt, ist unbezahlbar. Er ist einer unserer wichtigsten Lehrmeister, der uns fordert und fördert, wie es uns guttut, wenn wir zulassen, dass er uns das lehrt, was wir gerade benötigen. Wir dürfen dankbar sein für alles, was uns sportlich bewegt und was wir dadurch bewegen können – für uns und andere.

Was wollen Sie immer schon mal sportlich ausprobieren, hatten dafür aber nie die Zeit, jetzt aber vielleicht die Gelegenheit?

Welche Sportart finden Sie so faszinierend, dass

Sie ihr immer wieder gern zusehen, wenn andere sie ausüben, und was hält sie davon ab, es selbst einmal auszuprobieren?

Im Wort »Sport« versteckt sich nicht grundlos der Ort. Sport kann unser Glücksort sein, wenn wir ihn aufsuchen und uns hier so ausleben, wie es uns obliegt. Wann darf Ihr Sport Sie wieder glücklich machen?

Viel Glück beim Sport ist für mich ...

»Sport ist Mord.« Nach diesem Motto lebte ich 72 Jahre lang erfolgreich, bis mir ein Herzschrittmacher eingesetzt werden musste und ich wegen einer fast »überlaufenden« Galle, die beinahe zum Tod geführt hätte, spürte: Ich muss etwas für meinen Körper tun, wenn ich noch ein paar Jahre gesund und munter leben will.

Dafür musste ich schweren Herzens meinem besten Kumpel Lebewohl sagen, der mich viele Jahrzehnte treu begleitete. Mein innerer Schweinehund mochte es genauso gern gemütlich wie ich, liebte seine Ruhe und entspannte Tage ohne Stress. Körperliche Anstrengung? Bitte nicht so oft. Sport? Auf gar keinen Fall!

Es brauchte ein paar Wochen Überzeugungsarbeit, aber dann kam auch mein sportfauler Schweinehund mit, als ich mich bei einem Sportverein anmeldete und dort auch regelmäßig erschien (und nicht nur den anderen beim Sporttreiben zuschaute). Seitdem mache ich einmal die Woche in einer tollen

> Viel Glück ist, beim Auszug aus dem Elternhaus dankbar zu sein für alles, was man hier erleben durfte, und vorfreudig auf alles Kommende zu blicken.

Gruppe Muskeltraining für die Arme, Beine, bewege die Gelenke und bin danach richtig außer Atem, aber glücklich. Es macht mir sehr viel Spaß, weil ich mich hinterher immer richtig fit und munter fühle.

Außerdem komme ich wunderbar mit den anderen Leuten klar, die mit mir zusammen Sport machen. Man kommt ins Gespräch, kann sich über alles Mögliche austauschen und Spaß zusammen haben. Einmal bin ich unabsichtlich mit einer Frau zusammengelaufen, dann lagen wir beide auf der Erde herum und haben alle zusammen gelacht. Sport macht also auch im Kopf und Herzen leicht und trainiert manchmal sogar die Lachmuskeln.

Als heute 80-Jähriger werde ich weiterhin meinen Sport betreiben, solange es mir Spaß macht und ich mich dabei körperlich gut fühle.

Eberhard Ninnemann
Genießt als Rentner
die Zeit mit seinen Enkeln
und spannenden Büchern

Viel Glück ... in meiner Gesundheit

Welch ein Goldschatz unser Körper ist.

Nur nehmen wir ihn die meiste Zeit nicht als solchen wahr. Läuft körperlich alles wie geschmiert, und sind wir schmerzfrei, fällt er uns meist gar nicht auf sowie das, was er alles vollautomatisch für uns »im Hintergrund« erbringt. Während jedes Jahr in Hollywood die Oscars vergeben und weltweit unzählige Menschen für allerlei Leistungen geehrt werden, geht einer immer leer aus: unser Körper.

Dabei verdient er alle Ehrungen dieser Welt – täglich. Schließlich ist er der Einzige, der uns unser Leben lang begleitet, uns unser Leben erst ermöglicht durch seine unsichtbare Arbeit. Im Gegensatz zu uns ist er immer im Job: jede einzelne Sekunde, jeden Tag unseres Lebens. Er kennt keinen Urlaub, hat nie frei, niemals nichts zu tun. Er ist Dauerarbeiter und so fleißig wie niemand anderes auf dieser Welt.

Bei jedem Wetter ist er nicht nur jederzeit startklar, sondern auch jederzeit aktiv. Ganz gleich, was wir mit ihm vorhaben: Er macht alles mit, auch das, was ihm nicht guttut, sofern wir es wollen. Er nimmt alles hin und ist zu allem bereit, was uns mal wieder in den Kopf kommt. Und das alles, ohne sich über Tätigkeiten zu beschweren, die wir ausüben, die ihm nur Schmerzen zufügen, oder Tätigkeiten, die wir nicht ausüben, die er aber dringend bräuchte als Hilfestellung zur Selbstfürsorge, Selbstheilung. Er klagt auch nicht über all die Nahrung, die wir ihm zuführen, die er gar nicht braucht, um seiner Arbeit nachzugehen. Im Gegenteil: Er verarbeitet selbst das, was ihm Schaden zufügt, ihn verfettet, überzuckert, sauer macht im doppeldeutigen Sinne.

Unaufgeregt kümmert er sich um alles für uns Lebenswichtige und ist unser bester Mitarbeiter, Partner, Freund, Lebensgefährte, ohne den wir aufgeschmissen wären und es auch sind, wenn er trotz aller intensiver Bemühungen einmal nicht so kann, wie wir es von ihm verlangen.

Überall bringt er uns ohne zu murren hin, dient uns als immerwährendes Werkzeug für all das, was wir mit ihm vorhaben, ohne uns dazwischenzufunken. Stoisch wie ein Fels in der Brandung hält er alles aus, was von außen und innen auf ihn einprasselt und geht dabei nicht selten an seine Leistungsgrenzen – manchmal darüber hinaus.

All das macht er für uns!

Das Einzige, was sich unser Körper wünscht, ist ein möglichst ausbalanciertes Leben zwischen Anspannung und Entspannung. Unser Körper möchte gefordert werden (weder über noch unter), damit er stark bleiben und sich aus sich selbst heraus entwickeln kann. Er braucht die Möglichkeit, seine Stärken zu zeigen, wie ein Wildpferd, das nicht 24 Stunden eingesperrt sein und ruhen, sondern sich bewegen und austoben möchte. Ebenso braucht er seine Pausen und will keinen Dauerstress. Unser Körper lebt vom Wechsel zwischen Aktivität und Erholung.

Es gibt nichts Schöneres, als sich gewiss zu sein, dass auf jede körperlich Anstrengung immer eine entspannte Ruhephase folgt, wie auf die besinnliche Stille ein neues spannendes Körperabenteuer!

Wie anstrengend ist Ihr Leben auf einer Skala von null bis hundert Prozent?

Für wie viel Entspannung sorgen Sie für Ihren Körper?

Was könnten Sie zusätzlich tun, um Ihren Körper so richtig herauszufordern und ihn gleichzeitig nicht zu überfordern?

> Viel Glück ist, den bestandenen Führerschein so stolz in Händen zu halten wie das eigene Lenkrad, mit dem man sich aufmacht auf neue Lebenspfade.

Bei allen Themen rund um den Erhalt der Gesundheit geht es darum, die für einen selbst richtige und stimmige Balance zu finden.

Tue das, was dein Körper dir sagt. Aber höre nicht auf ihn, wenn er »Weiter! Immer weiter« brüllt. Dies ist in Wirklichkeit dein Verstand, der deinen Körper missbrauchen möchte für seine eigenen Ziele und Zwecke.

Zu viele Menschen leben entkoppelt von ihrem Körper und haben wenig Körperwahrnehmung und -bewusstsein. Sie sehen ihren Körper an als eine Art »Ding«, das einfach zu funktionieren hat. Läuft der Körper wie geschmiert, wird dies nicht lobend erwähnt, weil es eine Selbstverständlichkeit ist; nicht der Rede und Erwähnung wert. Dabei ist unser

Körper ein wahres Wunderwerk, das Unglaubliches für uns leistet: vollautomatisch, ohne dass wir irgendetwas dafür tun müssen, kostenlos! Atmung, Blutversorgung aller Organe, Nahrungsverwertung, automatische regelmäßige Zellerneuerung et cetera.

All das bemerken wir meist nicht, weil wir unseren Körper nur dann wahrnehmen, wenn es irgendwo unrund läuft. Wenn es zwickt, schmerzt, wenn nichts mehr geht. Erst dann sind wir voller (meist sogar genervter, vorwurfsvoller) Aufmerksamkeit für unseren Körper. Aber nur für das, was stört. Wir nennen dies dann Krankheit, und, ja, im Gegensatz zu Gesundheit gibt es zu Krankheit eine Mehrzahl. Oder haben Sie schon mal von »Gesundheiten« gehört, die man haben kann? Krankheiten hingegen sind omnipräsent, was schon klarmacht, worauf unser Fokus oftmals liegt. Auf dem (wenigen) Dysfunktionalen, das uns daran hindert, unseren geliebten Laufsport zu betreiben, mit voller Kraft zu arbeiten oder was auch immer es ist, das sich uns als Krankheit zeigt.

In Wirklichkeit ist all das oft ein Hilferuf des Körpers, den wir aber oft erst hören, wenn es schon zu spät oder wenn sofort einzugreifen ist. Wenn wir das korrigieren müssen, was wir verkehrt gemacht oder übersehen haben, das sich körperlich zeigt, weil es unser Körper für uns »ausbaden« muss.

Nutzen wir unseren Einfluss auf unseren Körper: bewusst, täglich, stärkend und vorbeugend, denn nur weil ein Auto noch fährt, reicht es nicht, so lange weiterzufahren, bis es stehen bleibt und der Motor qualmt. Wie ein Auto braucht auch unser Körper Treibstoff, gute Energie, ausreichend Bewegung, nicht übertrieben viel, nicht dauer-hochtourig, nicht ohne Verschnaufpause und immer körperpassend, denn jeder Körper benötigt anderes.

Pflegen wir unseren Körper regelmäßig, intensiv, voller Hingabe und Liebe. Wie anders wäre unsere Beziehung zu unserem Körper, würden wir so mit unserem Körper umgehen? Wenn wir dankbar wären, dass er uns sicher und bequem von A nach B bringt, er uns durch den Tag trägt trotz Schmerzen oder Erschöpfung, er einfach alles gibt, damit wir vorankommen im Leben?

Gewiss könnten wir unseren Teil dazu beitragen, dass uns unser Körper so lange wie möglich in einem bestmöglichen Zustand zur Verfügung steht. Überlegen Sie einmal, was Ihrem Körper guttun würde: Massage, tanzen, sitzen, eincremen, liegen, bewegen?

●●●●●●●●●●●

Viel Glück in meiner Gesundheit ist für mich …

»Ich will mein Leben zurück«, rief ich ins Universum hinaus, in der Hoffnung, Gott würde mich hören. Ich habe sechs Jahre mit dem Tod getanzt. Es ging ums Überleben. Doch wirklich gesund werden? An die Ursachen gehen, nicht nur die Symptome beheben. Nicht nur den physischen Körper behandeln, auch das Nervensystem, die Emotionen, Gedankenstrukturen, Erfahrungen und die Schlüsse, die wir aus ihnen ziehen, sowie die Loslösung der Identifikation mit all den Stimmen, die in uns sprechen. All das sind Informationen, aus denen sich unser Organismus zusammensetzt. Wir können diese heilen, doch dies erfordert Hingabe, Willensstärke und Ausdauer. Sprich mit all den Schichten und Ebenen in dir. Sei da für dich, begegne dir mit Mitgefühl.

Der Körper ist so selbstverständlich für uns. Er führt alles aus, was wir tun wollen, gratis, bedingungslos. Er ist so zäh und duldet viel. Und er ist gleichzeitig so zerbrechlich. Er trägt uns jeden Tag und gibt sein Bestes für uns. Für mich ist es pures Glück, zu laufen, zu singen, zu essen. Diese Welt zu erleben, mit allen Sinnen durch das Wunderwerk Körper. Denn es gab Zeiten, da wusste ich nicht, ob ich einen neuen Tag erleben würde. Jetzt bin ich »geheilt« und kann mich in meine neue Gesundheit hinein entspannen. So eine zweite Chance zu bekommen, lässt einen komplett ins Leben erwachen.

Ich finde durch diese Extremerfahrung Erfüllung und Tiefe in den kleinsten Dingen. Wenn ich den Wind in den Bäumen sehe und seine Umarmung spüre. Wenn ich lauthals auf der Straße singe. Wenn ich meinen Körper spüre. Gott hat sich mir nicht nur offenbart, er hat mir auch mein Leben zurückgegeben, und zwar in einer viel besseren Version. Die Schönheit ist überall um mich herum, ich kann sie fühlen, weil ich die Schatten gesehen habe.

Nuria Klanglicht
Klangheilerin

Viel Glück ... in meinem Beruf

Für die einen ist Arbeit das, was es der Wortherkunft nach ist: Mühsal, Beschwernis. Andere wiederum kommen mit ihrer Arbeit klar, haben sich damit entweder arrangiert aufgrund fehlender, besserer Alternativen oder finden okay, was sie tun. Die wenigsten scheinen ihre Arbeit wirklich von ganzem Herzen zu lieben. Und doch gibt es sie, die Arbeitsliebhaber, die nicht selten so viel arbeiten, als hätten sie vergessen, dass das Leben nicht nur aus Arbeit besteht – zum Leidwesen von Partnerinnen, Kindern und Freunden und auf Kosten von Hobbys und der Gesundheit. Gibt es nicht einen goldenen Mittelweg, bei dem man glücklich auf und mit seiner Arbeit ist, sich hier aber nicht »totarbeitet« und noch genug Zeit für anderes hat?

Er existiert, doch kann dieser nur von jeder und jedem von uns selbst geschaffen werden, denn Arbeit ist wie der Rest des Lebens: individuell einzigartig. Was die eine graust und sie niemals für noch so viel Geld der Welt tun würde, ist für den anderen Erfüllung. Wo die eine unbedingt ihre 40-Stunden-Woche braucht mit exakter Planung und Vorhersehbarkeit, kann jemand anderes nur erfolgreich arbeiten, wenn er vollkommene Freiheit hat.

Arbeit kann und sollte für jeden Menschen etwas Eigenes sein, auch wenn die Basis für fast alle die gleiche ist: Wir müssen mit unserer Arbeit Geld verdienen, um davon leben zu können. Die einen mehr, die anderen weniger. Doch dürfen wir selbst darüber entscheiden, *wie* wir unser Geld verdienen und *was* wir dafür tun. Am besten etwas, das uns glücklich macht, oder? Schließlich verbringen wir knapp ein Drittel vieler Tage nach dem Schul-/Studienende bis zur Rente mit Arbeiten.

Wir dürfen und sollten uns auch beruflich mehr an dem orientieren, was uns glücklich macht, schließlich haben wir nichts Wertvolleres als unsere Lebenszeit, die wir gegen Geld in Arbeit eintauschen. Außerdem ist es kein schönes Leben, so zu leben wie in einer berühmten Fernsehsoap und seine Tage einzuteilen in »Gute Zeiten (Freizeit), schlechte Zeiten (Arbeit)«. Stress und schlechte Emotionen bei der Arbeit wandern häufig abends mit nach Hause, verbleiben dort oft lange und haben teilweise erheblichen Einfluss auf unsere anderen Lebensbereiche.

Machen Sie das Beste aus Ihrer Arbeit – was auch immer Sie gerade beruflich machen.

Wenn Sie Ihrer jetzigen Arbeit nicht entrinnen können oder wollen, Sie diese aber nicht wirklich erfüllt, werden Sie etliche Möglichkeiten finden, Ihre berufliche Lebenszeit mit mehr glücklichen Momenten zu füllen. Dies beginnt schon bei dem Weg zur Arbeit: Wo und wie können Sie hier gute Laune tanken für den Tag? Hier ein paar Vorschläge: Musik hören und mitsingen im Auto, tanzen in der U-Bahn, pfeifend Fahrrad fahren. Beim Betreten des Arbeitsplatzes die Kolleginnen und Kollegen freundlich grüßen. Einen gesunden Pausensnack planen. Mit der Lieblingskollegin Kaffeepause machen.

> Viel Glück ist, beim Klassentreffen festzustellen, dass man es gar nicht so schlecht im Leben getroffen hat.

Den Arbeitsplatz selbst können Sie so gestalten, dass ein kurz von der Arbeit abschweifender Blick (so dies möglich und nicht gefährlich ist) für Freude sorgt. Wie wäre es mit einem »Happy-Break-Bild«, auf das Sie schauen können, wenn Sie gerade im Stress sind und das Sie in Gedanken sofort an Ihren Lieblingsort »beamt« und mit neuer Leichtigkeit auftankt? Vielleicht können Sie auch routinierte Arbeitsvorgänge verändern, sodass diese mehr Freude bringen. Und was ist mit Minipausen zwischendurch? Was würden Sie gern tun, wenn Sie 30 Sekunden machen könnten, was Sie wollten (das man problemlos in Ihrer Arbeit machen kann)? 30 Sekunden sind länger, als man denkt. Vor allem, wenn man sie bewusst begeht.

Gehen wir auf unsere eigene Arbeitsglücksuche. Selbst wenn es »nur« kleine Glücksoasen sind: Bauen wir sie uns, und suchen wir sie so oft auf, wie es geht. Dadurch verrinnt nicht nur die Zeit schneller, sondern auch unsere schlechte Laune. Glück ist eine Entscheidung – auch bei der Arbeit. Wenn der Kollege uns um Hilfe fragt, können wir genervt reagieren, weil uns das von unserer Arbeit abhält. Oder wir freuen uns, weil wir seine Dankbarkeit spüren können. Das macht wiederum uns glücklicher.

Wenn Sie mit Menschen arbeiten, machen Sie aus Ihrer Arbeit doch eine Art »Glücksspiel« und fragen sich *vor* dem, was Sie für andere tun:

Wie könnte ich ihr jetzt eine Freude machen, mit der sie nicht rechnet und die nichts kostet?

Je spielerischer wir selbst sind, desto leichter fällt uns das Arbeiten, ohne dass dabei der »Ernst der Sache« verloren geht. Mit Freude geht alles leichter, und nicht selten ist die Belohnung neben einem eigenen gesteigerten Glücksgefühl ein Lächeln im Gesicht anderer oder sogar bessere Leistungen, weil sich Freude oft in dem widerspiegelt, was wir tun.

Und wenn Sie partout nicht glücklich werden wollen oder können bei Ihrer Arbeit, ist es vielleicht nicht die richtige Arbeit für Sie und eine wundervolle Gelegenheit, über Ihre Berufung nachzudenken, also das, wofür Sie ideal geeignet sind und was Sie so richtig glücklich macht. Aber wie findet man seine Berufung? Durch das Bewusstsein, dass diese bereits IN EINEM ist und nur gefunden werden möchte. So vielleicht:

- *Wie bin ich, und was sind meine stärksten Eigenschaften?*

Überlegen Sie: Was zeichnet Sie als Mensch aus? Was macht Sie zu einer einzigartigen Persönlichkeit? Sind Sie besonders hilfsbereit, kommunikativ, empathisch, willensstark, abenteuerlustig …? All das, was Sie tief in Ihrem Inneren sind, ist Ihr Eigenschatz, der gesehen und gelebt werden will. Niemand sollte aus sich als introvertiertem Menschen eine »Rampensau« machen wollen. Warum auch!? Wir sind richtig, wie wir sind – jeder von uns. Erkennen wir unsere Einzigartigkeit und leben sie nicht nur privat in vollen Zügen aus, sondern auch beruflich!

- *Was kann ich gut, was sind meine stärksten Fertigkeiten?*

Was fällt Ihnen leicht? Wozu haben Sie »angeborene« Talente? Sind sie handwerklich begabt, künstlerisch, eher gut mit den Händen, dem Kopf, im Reden? Was gelingt Ihnen mühelos, oder wo können Sie sich rasend schnell einarbeiten, weil bei Ihnen hier alles auf vorbereiteten Boden fällt?

Wir alle können bestimmte Aufgaben und Tätigkeiten richtig gut und andere nicht gut oder gar nicht. Wunderbar! Nutzen wir das, was uns automatisch leicht von der Hand geht doch auch beruflich, und hören wir auf, uns mit anderen zu vergleichen, sie in den Himmel zu loben für das, was sie können, und uns mit Asche zu »behaupten«. Wir haben mehr drauf, als wir uns bewusst sind. Wetten, dass Sie es nicht schaffen, alle Ihre stärksten Fertigkeiten auf einem Zettel zu vereinigen (auch nicht mit Rückseite)!?

● *Was fasziniert mich, was sind meine größten Leidenschaften?*

Was interessiert Sie brennend? Womit könnten Sie sich stundenlang beschäftigen und jedes noch so kleine Detail dazu aufsaugen? Alles, was unsere Aufmerksamkeit blitzartig auf sich zieht und für längere Zeit an sich bindet, zeigt uns, wo unsere Leidenschaften liegen. Machen Sie sich auf den Weg zu dem, was Sie fasziniert und im positiven Sinne fesselt. Dann sind Sie ganz nah dran an Ihrem Glück – auch beruflich, wenn Sie Ihre Berufung gestalten und sie mit Ihrer Leidenschaft füllen.

Arbeitsglück kann so einfach sein, wenn man weiß, was man wirklich will und was den eigenen mitdenkenden Verstand, das mitfühlende Herz und die umsetzenden Hände fasziniert – Arbeitstag für Arbeitstag für Arbeitstag aufs Neue.

Und: Wo wollen Sie Ihr berufliches Glück finden: bei Ihrer jetzigen oder einer neuen Arbeit?

• • • • • • • • • • • •

Viel Glück in meinem Beruf ist für mich ...

Das wahre Berufliche ist für mich, einfach da zu sein bei meiner Arbeit – mit allem, was ich bin und was mich ausmacht. Das größte Glück empfinde ich bei dem, was ich liebe zu tun, was sich für mich richtig anfühlt und was mir neue Kraft spendet. Es sind oft die Dinge, die mich innerlich berühren, bei denen ich die Zeit vergesse und die ein Gefühl der Zufriedenheit in mir hinterlassen. In solchen Momenten, in denen ich voll und ganz in meinem Element bin, weiß ich, dass ich auf dem richtigen Weg bin.

Dabei ist die Kunst, sich selbst von dem zu lösen, was der Verstand einbringt und was er denkt, was ich sein und tun sollte, oder was andere dazu denken und sagen. Ich glaube nicht, dass ich Glück im Beruf gefunden hätte, wenn ich mich nicht selbst auf die Suche danach gemacht hätte.

Der Schlüssel liegt für mich darin, meiner eigenen Wahrnehmung und den Impulsen zu folgen, die sich zeigen, um mich für sie zu öffnen und ihnen Raum zu geben. Und auch, wenn das am Anfang oft gar nicht so einfach erscheint, lohnt es sich sehr, unabhängig vom Außen zu werden und wirklich bei sich selbst und der eigenen Wahrheit anzukommen.

Inzwischen spüre ich in mir die tiefe Sicherheit, auf meinem Weg geführt zu werden. Mir fällt es viel leichter als früher, mich auf die Dinge einzulassen, die mir begegnen, zu denen ich geführt werde und die gerade für mich dran sind. Oft sind es in diesem Prozess nicht die Erwartungen des Verstandes, die erfüllt werden. Viel eher sind es die einzigartigen Erkenntnisse, die uns weiterbringen, mit denen wir weitergehen und denen wir Raum geben.

Das Leben ist nicht starr. Das Leben ist dynamisch und lebendig. Ich lade Sie ein, sich dem Fluss des Lebens zu öffnen und sich darauf einzulassen, was Sie erwartet. Vielleicht sind Sie es ja selbst …

Jan-Waldo Ernst
Unternehmer

Viel Glück ... auf Reisen

Wer verreist nicht gern!?

Es ist wohltuend aufregend, zu reisen und so an Orte zu gelangen, die außerhalb unseres Alltags liegen, außerhalb unserer eigenen kleinen Welt. Warum aber reizt es uns so sehr, neue Orte zu erkunden, Städte, Länder, Kontinente? Warum wollen wir manchmal so gern von zu Hause weg? Ist es dort nicht schön, reicht es uns nicht aus? Doch, und ebenso haben Reisen ihren ganz eigenen Zauber, weil wir von jeder Reise etwas mit nach Hause bringen, das uns und unser Zuhause bereichert.

Verrückt: Manchmal fühlen wir uns auch im Fremden zu Hause, obwohl wir dort nur zu Besuch sind für einige Zeit. Wie kann es sein, dass wir uns woanders genauso wohl, behütet, beheimatet fühlen? Wie ist es möglich, dass wir überall auf der Welt zu Hause sein können?

Weil Heimat kein Ort ist, Zuhause weder eine Wohnung noch ein Haus mit Garten. Heimat ist ein Gefühl, das uns berührt, umhüllt, mitnimmt auf seine eigene Reise. Sanft, behutsam, liebevoll und doch voller Aufbruchstimmung, um in neue Regionen einzutauchen, neue Erfahrungen zu sammeln, dem Bestehenden etwas hinzuzufügen, das es bereichert. All das und noch viel mehr erleben wir, wenn wir auf Reisen sind – auf Achse.

Raus aus der Alltagsachse des Hamsterrades, in dem wir manchmal feststecken, bis uns die Urlaubszeit davon befreit. Zumindest kurzfristig können wir wieder frei sein, das Gefühl genießen von »Ich kann machen, was ich will«. Ungebunden, genau an den Orten, die man sich aussucht und an denen man nur das macht, was man selbst für richtig hält, was sich gerade stimmig anfühlt. Ohne Erwartungsdruck, ohne vorgefertigte Aufgaben, die zu erledigen sind. Einfach sein.

Frei sein.

Kein Wunder, dass sich viele nach mehr arbeitsfreier Urlaubszeit sehnen und nicht selten unzählige Länder auf dem Reisezettel offenhaben, die sie noch nicht live und in Farbe erlebt haben. Die Welt ist groß und vielfältig. Warum sollten wir sie nicht in all ihrer Schönheit, ihren kleinen wie großen Wundern, selbst erleben? Nur vor Ort erkennt man, was erkundet werden will in all seinen Facetten, seiner atemberaubenden Faszination, die all unsere Sinne gleichermaßen anspricht und nicht selten verführt. Die Geruchsexplosion eines weitläufigen Gewürzmarktes in Indien ist unvergleichlich, unvergessen und verzaubert die Nase noch für längere Zeit. Asiatische Köstlichkeiten schmecken, wie lukullische Genüsse anderer Kulturen, nur dort so, wo sie herstammen.

Gleiches gilt für einzigartige Erlebnisse, die wir nur in anderen Regionen auf unserem Planeten erfahren können. Das einmalige Schwimmen mit Delfinen, geführtes Bootfahren in die Ursprünglichkeit des Dschungels, Erkunden von Unterwasserwelten in hellblauem Meer, Besteigen der höchsten Berge, Bestaunen monumentaler Sehenswürdigkeiten, Erspüren magischer Energien bei heiligen Zeremonien. Kein Buch dieser Welt kann auch nur im Ansatz fassen, was die Länder und unterschiedlichen Kulturen dieser unverwechselbaren Welt uns zu bieten haben. Das Einzige, was wir tun müssen, um in ihren Genuss zu kommen, ist, uns auf den Weg zu machen. Das Gewohnte verlassend, aber nicht hinterhertrauernd, sondern das Unbekannte im offenen Blick. Neugierig, achtsam und dankbar für das, was in ihn tritt, um sich uns in all seiner Schönheit zu zeigen.

Reisen öffnet unseren inneren Horizont, enthebt uns des Alltags und verleiht uns Aufwind. Wir fliegen in andere Kulturen, tauchen ein in die ortstypischen Gerüche, Farben, Architekturen, Stoffe. Lauschen unbekannten, faszinierenden Klängen, kommen mit Menschen anderer Herkunft ins Gespräch, ohne ihre Sprache sprechen zu müssen. Mit Händen, Füßen, Gesten und viel Lachen erkunden wir auch unbekannte Sprachräume und dürfen uns überraschen lassen, wie leicht, locker und fröhlich andere uns aufnehmen, wenn wir ihnen friedlich und in Liebe mit Respekt begegnen.

> Viel Glück ist, bei Beerdigungen mehr Freudentränen der Dankbarkeit zu vergießen als Tränen der Trauer.

An welche Orte möchten Sie unbedingt noch einmal zurück?

Welche Sehenswürdigkeiten, Länder, Kulturen wollen Sie unbedingt noch live erleben?

Auf Reisen zu sein ist ein wundervolles Gefühl. Es schenkt uns etwas von dem Abenteuer früherer Entdeckungsreisenden, als diese die Länder dieser Welt zum ersten Mal erkundeten. Die schönsten Reisen sind oft die, in denen wir nichts planen, sondern uns mitreißen lassen von dem, was uns einlädt, ihm zu folgen – an welche Orte auch immer.

Reisen ist die wohl reinste Form des Lebens, das nichts anderes ist als immerwährende Veränderung, Fluss, Bewegung. Wer schon einmal auf gut Glück unterwegs war, ohne Pläne, wann man wo zu sein hat, kennt dieses unbeschreibliche Gefühl des Getragenwerdens, des Nichts-tun-Müssens. Das Einzige, was man selbst tun muss, ist, sich auf den Weg zu machen und sich auf das einzulassen, was als Nächstes um die Ecke kommt.

Das Leben ist der beste Reiseführer, wenn wir uns ihm anvertrauen.

Der kleine Hunger klopft an? Irgendetwas Essbares wird sich schon finden in der näheren Umgebung. Sei es ein kleiner Supermarkt, ein wild wachsender Baum mit köstlichen Früchten oder eine ältere Dame, die einen zum Essen einlädt, weil sie sieht, dass man hungrig ist. Wie gut das Leben es mit uns meint, erfährt man spätestens, wenn man ohne Sicherungsnetz reist, ohne doppelten Vorbereitungsboden. Wenn man ist, so wie man ist, geschehen nicht selten die wundervollsten Dinge, die man vorher niemals für möglich gehalten hätte:

Wenn der Wagen im Nirgendwo eine Panne hat und »zufällig« jemand vorbeikommt, der einem hilft. Wenn man sich verirrt hat, nicht mehr weiß, wo es langgeht, und ein freundlicher Mitwanderer einem den Weg weist, wir sogar ein Stück des Weges mit ihm reisen und dadurch Dinge erfahren, die wir allein niemals erfahren hätten. Aber auch, wenn wir allein, einfach so unterwegs und dabei achtsam sind, was sich uns alles zeigt, um uns herum, während wir in Bewegung sind. Das Reiseleben ist voller Signale, die uns helfen und berühren wollen. Voller wunderbarer Begegnungen, von denen wir uns führen lassen dürfen an bisher unbekannte Glücksorte. Manchmal finden wir auf Reisen sogar etwas, das wir sonst nirgendwo finden können und das auch sonst niemand anderes finden würde, selbst wenn er mit uns an den gleichen Orten wäre:

Wir finden uns selbst in neuem Gewand wieder.

Durch das Reisen entdecken wir Dinge in uns, die wir vorher noch nie wahrgenommen haben. Wir lernen uns selbst wertzuschätzen, wenn wir mit

Problemen konfrontiert sind, die wir im Alltag nicht haben, wie zum Beispiel keinen Tropfen mehr in der Wasserflasche, keinen Proviant im Rucksack oder Verlaufen in einer unbekannten Gegend. In Extremsituationen lernen wir uns selbst erst richtig kennen, heißt es.

Es müssen zum Glück nicht immer die Extreme sein, die uns einen bisher unbekannten Teil unseres Selbsts offenbaren. Oft genügen Kleinigkeiten, Begegnungen mit einheimischen Menschen oder Tieren, die unser Herz treffen und uns etwas spüren lassen, das wir vorher noch nie fühlten oder lange nicht mehr gefühlt haben. Manchmal stehen wir auch einfach am Strand und schauen aufs Meer, sitzen hoch oben in den Bergen auf einer Bank und blicken in die Weite – und erkennen etwas, das wir sonst im Alltag niemals wahrgenommen hätten.

Reisen sind die ungewöhnlichsten und weitreichendsten Wege zur Selbsterkenntnis und ebenso die prägendsten Lebensratgeber.

Wer seinem Leben eine neue Richtung geben

Viel Glück ist, der lieben Arbeitskollegin einfach so mal was mitzubringen, worüber sie sich die ganze Woche freut.

möchte und nicht weiß, wie es weitergehen sollte, damit sich das Glück einstellt, kann Reisen als Findungshilfe nutzen. Andere Orte bringen uns auf andere Gedanken. Reisen lässt uns das fühlen, was wir im Alltag oftmals nicht wahrnehmen können.

Nichts ist so heilsam wie eine Reise, die, wohin sie im Außen auch führen mag, innerlich zu einem selbst führt.

Reisen erweitert nicht nur uns selbst und unseren Erfahrungsschatz. Es bereichert auch unser Herzwissen, das unbezahlbar und durch nichts auf der Welt zu ersetzen ist. Unsere tiefen, selbst erlebten Ereignisse machen uns zu dem, was wir sind. Wer auf Reisen bereits viele Städte und Länder kennengelernt, allerlei Menschen getroffen und unzählige Erfahrungen gemacht hat, weiß: Reisen öffnet das Herz, weitet den Verstand und prägt mit all seinen Erlebnissen und Begegnungen, den äußeren wie inneren.

Es sind nicht die Fotos auf unserem Smartphone oder die »Souvenirs«, die wir als Schätze mitbringen, wenn wir von unserer Reise zurückkehren. Vielmehr sind es die durch das Erleben mitgenommenen Teile von uns selbst, die unbezahlbar sind und untrennbar von uns. Das Glück, das auf unserer

Reise zu uns gefunden hat, reist lebenslang mit uns weiter.

An welche Momente auf Reisen erinnern Sie sich sofort, die so prägend für Sie waren, dass Sie sie nicht missen möchten?

Welches Reiseerlebnis hat Sie am meisten überrascht, herausgefordert, mit neuer Energie aufgeladen?

Für welche Begegnungen sind Sie noch heute unendlich dankbar, obwohl diese bereits Jahre oder Jahrzehnte her sind?

Reisen ist eine Herzensangelegenheit, weil sie dem Herzen entspringt, zu Herzen geht und die Herzen anderer berührt. Und: Was möchten Sie demnächst bereisen, »herz-bereisen«?

• • • • • • • • • • • •

Viel Glück auf Reisen ist für mich ...

Für uns ist Glück auf Reisen schon die Vorfreude auf herrliche entspannte Tage auf unserer Lieblingsinsel. Erholung pur, keine Termine, keine Haus- und Gartenarbeit, keine Gedanken, was wir heute kochen, was wir einkaufen. Wir wollen stundenlang lesen, am Wasser sitzen, den Wind spüren und die Ostsee riechen. Das ist Sehnsucht nach neuen Eindrücken und Erlebnissen.

In unserem schönen kleinen Hotel treffen wir auf tolle Leute, die uns den Urlaub verschönern und mit einem liebevoll gedeckten Frühstückstisch mit Blick auf den See verwöhnen. Abends sitzen wir gern bei untergehender Sonne auf einem Boot im Schilf des Sees und genießen die letzten Sonnenstrahlen. Im Hintergrund pfeift die historische Eisenbahn ein Abendlied. Unsere Fahrräder führen uns über einen herrlichen Ostseeradwanderweg zu vielen unserer Lieblingsorte, die wir eher zufällig gefunden haben. Das Fahrrad einfach rollen lassen, nicht nach Fahrplan und Uhrzeit, das ist Freude und Glück der Stunde.

Entlang der roten Mohnfelder durch Wiesen und Felder mit Blühstreifen aus Kornblumen, Kamille und violetten Storchschnabeln an Teichen mit quakenden

Fröschen vorbei zum alten Salzhaus. Hier sitzen wir stundenlang am Wasser, während kleine Fischerboote in den Wellen schaukeln und uns Wohlgefühl und eine besondere Stimmung verleihen. So lassen wir unsere Seele baumeln und schöpfen Kraft. Nachmittags sitzen wir vertraut an »unserem alten Fischerboot«, sehen die im Sand spielenden Kinder, denken an unsere Enkel, als sie noch so klein waren und mit uns gemeinsame Urlaube gemacht haben. Die Wellen platschen an den Strand, Möwen streiten um Nahrung – und uns geht es gut.

Leider gehen auch diese schönen Tage zu Ende, doch was hatten wir wieder einmal Glück mit diesen Tagen, die wir in unser Herz schließen und die als Erinnerung bis zum nächsten Mal ausreichen müssen.

Horst-Dietrich Schulz
früherer Baulandentwickler,
jetzt Kunstopa und Gemüsebauer

Ingrid Schulz
vom Polizeidienst zur reiselustigen Oma,
das Fahrrad war und ist immer dabei

Viel Glück ... im Glauben

Glauben Sie das Richtige oder das Falsche?

Wobei: Gibt es überhaupt ein Richtig und ein Falsch im Glauben? Nein, und dies ist auch das Wundervolle daran. Wir dürfen glauben, was *wir* wollen, was *wir* für stimmig erachten, wonach es *uns* innerlich dürstet und wohin es *uns* zieht – ganz gleich, wohin, wann und warum.

Glauben benötigt weder eine Rechtfertigung noch eine Erlaubnis. Glauben ist Freiheit: gedanklich, emotional, körperlich. Niemand darf uns vorschreiben, was wir zu glauben haben. Weder ein politisches System noch welche wie auch immer geartete Glaubenskultur, und ebenso nicht einzelne Menschen. Wir allein entscheiden, an was wir glauben. Und natürlich auch, ob wir überhaupt glauben wollen.

Warum sollten wir an etwas glauben, was auch immer es ist?

Weil der Glaube mehr Vorteile für uns hat als Nachteile, stellte Woody Allen fest, der sich einst als »strikter Nichtgläubiger« bezeichnete, wie man in einem Fernsehinterview aus dem Jahr 1969 erfahren durfte. Darin unterhielt er sich mit dem evangelischen Pastor Billy Graham über »Gott und die Welt«, wobei Allen im Gegensatz zu seinem Gesprächspartner eben nicht an Gott glaubte. Der gläubige Graham meinte, würde er nach seinem Tod feststellen, es gäbe gar keinen Gott, hätte er selbst dann ein besseres Leben geführt als der atheistische Allen. Schließlich würde Graham jeden Tag in dem befreienden Glauben leben, dass jemand für ihn da sei, sich um ihn sorge, auf ihn aufpasse und ihm helfe, wenn es nötig sei. So befreit hätte das Leben einen Sinn, wäre leicht, schön, angstfrei. Woody Allen, der dies 1969 vehement bestritt, wusste damals nicht, dass er mehr als 40 Jahre später im Alter von 79 Jahren im Rückblick auf diese Begegnung sagen würde: »Er hatte recht.«

Was Woody Allen hier erfuhr, erfahren täglich Milliarden von Menschen, die an etwas glauben – was auch immer es ist, wie auch immer sie das nennen mögen, an das sie glauben. Sie alle spüren, dass ihr Glaube ihnen hilft, leichter durch tiefe Täler und über hohe Hürden zu kommen. Der Glaube versetzt zwar keine realen, aber innere Berge. Ein gläubiger Mensch weiß gewiss, dass alles gut ist, wie es ist, dass er alle Hindernisse überwinden wird: mit geistiger Hilfe.

Glauben ist jedoch kein automatischer Problemlöser, denn allein der Glaube klärt keine Probleme, die materiell zu lösen sind. Wir selbst sind gefordert, mit unserem Glauben als Halt und Antrieb zugleich, uns allem zu stellen, was das Leben für uns bereithält. Glaube ist Rückenwind und Luftzufuhr zugleich, da es sich mit ihm im Gepäck leichter leben lässt. Der Glaube allein zaubert nicht jede Sorge weg, bringt nicht alle Ängste zum Verschwinden auf »Nimmerwiedersehen«. Doch er kann bewirken, dass sie milder werden, leiser, weniger furchterregend, lös- und bezwingbar erscheinen. Glaube macht Schweres leichter, nimmt dem Dunklen das Undurchdringbare. Er setzt ein Licht in die tiefste Finsternis und am Tag einen Stern in den

Viel Glück ist, sich am Geburtstag der Liebsten eine rote Schleife umzubinden und zu rufen: Liebling, du kannst dein Geschenk auspacken!

Himmel, der uns beschützt und leitet. Wer friedlich glaubt, liebevoll, wertschätzend sich selbst, anderen und anderem gegenüber, weiß um die positive Glaubenskraft, die sich im Außen entfaltet – entfalten muss, denn:

Was in uns ist, wird sich auch außerhalb von uns zeigen, wenn wir bereit sind, das Äußere dem Inneren folgen zu lassen.

Glaube bezieht sich jedoch nicht nur auf unmenschliche Kräfte einer universellen Kraft. Der wohl wichtigste Glaube ist der an uns selbst: Er verleiht uns innere Stärke, Selbstwertgefühl, ein Bewusstsein für das, was in uns steckt. All das brauchen wir, wenn wir *unser* Leben leben wollen – im Einklang mit dem, was wir sind?

Das schaffst du eh nicht.

Das ist viel zu schwierig.

Das ist unmöglich.

Wir alle kennen solche oder ähnliche Sätze, die allesamt einem Nichtglauben entspringen. Einem Nichtglauben an das, was *für uns persönlich* möglich ist. Wir alle wissen, auch wenn es manchmal tief in uns verborgen zu sein scheint: Wir können viel mehr als das, was wir meinen. In uns stecken unglaubliche Kräfte, die sich ab und an zeigen, wenn wir in der Klemme stecken oder auf einem Irrweg sind, der keinen Ausweg zu haben scheint. Oder wenn wir einen Geistesblitz aus dem Nichts haben, der uns perplex staunen lässt, weil er uns sofort weiterhilft: Als hätte ihn jemand genau jetzt genau so zu uns geschickt, um uns zu helfen.

Wir sind es, die dem, was in uns steckt an Genialität und Selbstwert, den Raum schenken müssen, damit es sich auch im Außen zeigen kann. Doch wie sollte es dem Genialen in uns gelingen, wenn wir nicht glauben, dass es da ist? Wie wollen wir uns beruflich etwas aufbauen, wenn wir nicht an uns und unsere Fertigkeiten glauben? Wie wollen wir ausreichend Geld verdienen für unseren Lebensunterhalt, wenn wir nicht glauben, dies wert zu sein oder es durch unsere Arbeitskraft erreichen zu können? Wie soll es uns gelingen, eine wahrhaft erfüllte Partnerschaft zu führen voller Harmonie und geliebter Zweisamkeit, wenn wir nicht daran glauben, dass wir liebenswert sind, wenn wir uns selbst nicht lieben, wie wir sind? Wie wollen wir in dieser Welt zurechtkommen, wenn wir nicht daran glauben, alles schon irgendwie hinzubekommen, was uns ereilt?

Wie wollen wir glücklich werden, wenn wir nicht glauben, wir hätten es verdient, glücklich zu sein, oder in der Lage dazu sind, uns selbst ins Glücksleben zu tragen – mit unserem Glauben als Tragegurt?

Unser Glaube an uns selbst trägt uns, wenn wir ohne ihn nicht mehr weiterlaufen können. Er ist unser Rückenwind, wenn der Gegenwind zu stark wird. Er lässt uns Wege finden um Mauern, die uns den Weg versperren, schenkt uns Aussicht in der Hoffnungslosigkeit. Glaube ist eine Zauberkraft, doch kein Allheilmittel. Wir sind hier, um selbst alles zu (er-)leben, was wir hier erleben dürfen. Glaube ist unsere unsichtbare Schutzkugel, unser geistiger Motivationstrainer, unsere federweiche Unterlage auf unserem Lebensweg, die uns immer auffängt, damit wir niemals ins Bodenlose fallen.

Glaube trägt uns, wenn wir uns selbst nicht mehr tragen können.

Glaube stärkt uns, wenn wir uns selbst nichts mehr geben können.

Glaube bleibt, wenn wir meinen, alles verloren zu haben – auch uns selbst.

Es ist niemals die Frage, was für Probleme wir haben, welche Sorgen, Schwierigkeiten oder Herausforderungen sich in unserem Leben aufgebaut haben wie unüberwindbar scheinende Mauern, sondern:

Wie tief ist unser Glaube an das Leben, an eine höhere Macht?

Wie sehr vertrauen wir uns selbst und trauen uns, uns vollkommen auszuleben mit allem, was in uns ist an »Eigenglück«?

Das Leben meint es gut mit uns. Immer. Auch wenn dies nicht immer so aussehen mag für unsere menschlich geprägten Sorgen-und-Problem-Augen. Das Leben gibt uns immer das, was wir tragen können. Niemals werden wir etwas bekommen, was wir nicht erledigen können, nicht zu meistern imstande sind. Und wenn sich doch etwas in unserem Leben zeigt, wo wir den Glauben an uns selbst verlieren, an unsere eigene Schöpfungs- und Gestaltungsmacht, gibt es einen weiteren Glaubensanker: den universellen, göttlichen, der per se nichts mit irgendeiner Religion zu tun hat. Jeder Mensch darf und soll glauben, was er für richtig hält. Ganz gleich, in welchem Kultur- oder Religionskreis er zu Hause sein mag. Solange der Glaube friedlich ist und den Glauben anderer respektiert, ist er hilfreich, dienlich, vollkommen.

Die göttliche, universelle Ordnung ist eine alleinheitliche Kraft, die uns Menschen nicht in irgendwelche Glaubensgemeinschaften trennt. Sie ist jederzeit für jeden Menschen da, der an sie glauben möchte, und wird ihm helfen, sofern er es zulässt. Kaum jemand weiß, was genau es ist, das »da oben« im Universum auf uns herunterblickt, uns in schweren Zeiten hilft und uns mit Zuversicht, Mut et cetera ausstattet. Doch muss man es wissen? Reicht es nicht, zu glauben und dadurch eigene Gewissheit zu erlangen, die einem spürbar guttut und das Leben maßgeblich erleichtert? Ist ein Beweis wirklich notwendig für die Existenz einer wie auch immer gearteten, universellen, göttlichen Macht, die größer ist als alle Menschen zusammen?

Glauben ist immer ein Sprung ins Ungewisse, die Hingabe ins Unbekannte. Wie alles Wichtige im Leben. Wie würden wir jemals lieben können, ohne einen bis heute nicht vorhandenen eindeutigen wissenschaftlichen Beweis der Existenz von Liebe und der unzweifelhaften Klarheit, was dies genau ist, wie man es exakt »erlangen« kann und was sie genau bewirkt? Ist unser Glauben nicht nur deshalb so stark, so allumfassend mächtig, weil er »nichts

Viel Glück ist, dem lieben Nachbarn eine Aufmerksamkeit vor die Wohnungstür zu stellen mit handgeschriebenen Worten, die von Herzen kommen.

weiter« ist als eine Verbindung zu dem, was unsere Menschenaugen nicht sehen und was wir ebenso wenig hören, fühlen, riechen oder schmecken können? Vielleicht ist *das* die wahre, »geheime« Zauberkraft des Glaubens: Unsere bedingungslose Hingabe an das Unsichtbare, von dessen Existenz wir felsenfest überzeugt sind. So wie von seiner Unterstützung für uns, wenn wir ihrer bedürfen. In welcher Form sie uns dann auch immer zuteilwerden wird: Wir sind unendlich dankbar dafür und bereit, so lange und so intensiv zu glauben, dass dadurch vielleicht sogar kleine oder größere Wunder geschehen mögen – für uns und andere.

Das einzig Wesentliche, damit wir durch den Glauben wahrhaftes Glück erfahren, ist unsere Öffnung ins Unbekannte. Sich zuerst selbst öffnen, ohne zu wissen, was sich zeigen wird. Sich dem Leben öffnen, ohne zu wissen, was geschieht. Sich dem Universellen, der »höheren Macht« öffnen, ohne zu wissen, wann welche Antwort kommt, auf welche Art. Nur eines ist Gewissheit: Ich werde erhört, immer. Mir wird gegeben, wann auch immer, was auch immer. Immer zum Guten. Was für ein Trostspender. Was für ein Hoffnungsschimmer. Was für eine Glaubenskraft, die uns bleibt: unser Leben lang.

Viel Glück im Glauben ist für mich ...

Ich schäme mich, denn ich habe meinen Glauben verloren, einen gotteswürdigen Text zu verfassen. Was kann ich »kleines Licht« Erhabenes über Gott schreiben? Alle Worte werden ihm niemals gerecht. Auch seinen Wundern nicht, die mein Leben retteten.

Mehrmals verlor ich alles: Frau, Zuhause, Beruf, Geld, Existenz. Immer wieder musste ich von vorn anfangen: allein, oft am Boden zerstört, kraftlos und unwissend, wie es weitergehen sollte. Ich entschied, Schluss zu machen. Ein Weiterleben schien sinnlos. Ab diesem Moment zeigt mir Gott den Weg ins Herz. Mit ausgebreiteten Armen sprach er: »Willkommen zu Hause, mein Sohn.«

Gott sprach zu *mir*? Ohne mich Versager zu tadeln!? Ohne mich Ungläubigen zu bestrafen? Mehr noch: Gott schenkte mir das Größte, das man erhalten kann: seine bedingungslose Liebe. »Wer glücklich sein will, muss lieben.«

Ab da sagte ich: »Dein Wille geschehe. Lass uns zusammen gehen.« Er weiß, wo ich hingehöre: zu mir selbst in *meinem* Leben. Für Gott bin ich nicht nur gut so, wie ich bin. Für ihn bin ich vollkommen. Ich will nur noch »echtes Glück und echte Liebe«, keinen Ersatz.

Gott gab mir die Kraft, mit meinem Onlinekongress und Lebenswerk »Wunder der Selbstheilung« herauszukommen. Nicht nur körperliche Verletzungen heilten schneller, so Gott seine liebende Hand über sie hielt. Auch innere Wunden verschwanden, wenn das göttliche Licht sie umhüllte. Mit Gott zu gehen bedeutet, zu sich selbst zu gehen, was manchmal herausfordernd ist, da wir nicht gelehrt bekommen, unseren Weg zu gehen. Gott zeigt ihn mir in jedem Moment.

»Ich bin in dir, geliebter Sohn, wie du in mir bist. Steh du an meiner Seite, dann stehe ich an der deinen.« Ich habe den Worten meines Vaters nur eins hinzuzufügen: »Gott, der du die Liebe bist, bist auch das Glück.«

Vereint gehen wir. Ich bin frei. Bedingungslos. Danke.

Ulrich Bohnefeld
Unternehmer und Künstler

Viel Glück ... in der Natur

Ein Sonnentag im Freien.

Im Wald, auf einer Blumenwiese, an einem See, in den Bergen, auf sandigen Wegen. Überall umgeben von frischer Luft, dem Singen des Windes, dem Plätschern des Wassers, dem Knirschen des Untergrunds unter unseren Füßen. Mal hören wir einen Vogel in der Ferne, mal eine summende Hummel.

Was gibt es Erfrischenderes als ein Bad in der Natur, ohne dabei nass zu werden!? Vor allem für gestresste Menschen ist das Abtauchen in die Natur ein Eintauchen in die Besinnlichkeit. Raus aus dem Stress, der Hektik des Alltags. Rein in die Fülle des Lebens. In der Natur kann man sich selbst am klarsten spüren, weil man hier den Raum dafür bekommt. Man kann die Seele baumeln lassen, weil es nichts gibt, das sie angreift. Sie ist wohl behütet. In der freien Natur kann alles aus uns weichen, was wir loswerden wollen, was uns belastet. Und es kann sich alles zeigen, was durch den Stress verborgen lag, das meist das Wichtigste ist, wie vieles Sanfte, Unaufdringliche, das wir nicht wahrnehmen, obwohl es sich uns zeigt: außerhalb wie innerhalb von uns.

Nicht umsonst ist einer der besten Glückstipps: *Geh in die Natur*. Warum? Keine Handynachrichten ploppen auf, sofern man es ausschaltet oder gleich zu Hause lässt. Keine aufregenden Attraktionen buhlen um unsere Aufmerksamkeit. Niemand will etwas von uns. Nichts blinkt laut, grell, atemlos. Wir dürfen wir selbst sein und die Umgebung genießen – und uns in dem, was uns umgibt.

Die Natur ist ein natürlicher Katalysator. Sie hält alles Negative, Frustrierende, Stressige, Problematische fern, als wäre sie umgeben von einem unsichtbaren Schutzschild. Von der Natur bekommt Negatives keinen Sauerstoff. Die Natur bietet keinen Raum für schlechte Laune, Schmerz, Leid, Hass, Intrigen und vieles mehr von dem, was wir in unserem Leben aus guten Gründen partout nicht haben wollen.

Natur ist. Punkt, nein, Doppelpunkt! Sie eröffnet ungeahnte Räume, in denen sie nichts vorgibt, aber alles anbietet. Sie ist, wie sie ist, so wie wir sind, wie wir sind, wenn wir es zulassen, uns unserer eigenen Natürlichkeit bewusst werden und uns trauen, uns so auszuleben, wie wir sind. Leider sind wir oft verschlossen und öffnen uns nicht für uns selbst, geschweige denn für andere oder anderes. Doch der Natur gelingt, was selbst den aufwendigsten und kostspieligsten Workshops der »Supergurus« niemals gelingen kann: Sie stellt sofortigen Frieden her mit uns selbst und allem, was uns umgibt. Sie verschenkt grenzenlose innere Freiheit, eine tiefe Verbindung zu sich und damit auch zu uns, denn wir sind Natur – auch wenn wir dies oft vergessen. Das Einzige, was man dafür tun muss, ist: an nichts festzuhalten und offen zu sein für das, was den Weg zu einem findet. Ohne Gedanken über den Alltag, Probleme, Ziele, To-dos. Ohne Gefühle, weder positive noch negative.

Gehe mit nichts in die Natur, und du kommst mit allem zurück.

Die Natur bietet uns alles, was wir benötigen, um glücklich zu sein. Sie ist die Nabelschnur unseres Glücks, da sie uns mit allem versorgt, was wir dafür benötigen: Natürlichkeit, ihre und unsere eigene. Meist reichen bereits ein paar Minuten, die man in der Natur verweilt, dann stellt sich diese unbeschreibliche Stille bereits ein: Der Pulsschlag wird langsamer, weil das Herz spürt, dass es nicht mehr hetzen muss, nicht getrieben wird zu nichts. Der Atem beruhigt sich, weil hier keinerlei Höchstleistungen zu erbringen sind, ebenso nichts um einen herum ist, das Grund zur Sorge macht, zum sofortigen Aufbruch.

Natur heilt auf ihre Art: weise, still, natürlich.

Es wird niemanden geben, der fröhlich-friedlich in die Natur geht, und hasserfüllt-wütend wieder zurückkommt. Viel häufiger mag es vorkommen, dass man gestresst losgeht, um beispielsweise einen Spaziergang oder eine Wanderung zu machen, und entspannt heimkehrt. Die Natur scheint eine unsichtbare Zauberkraft zu haben.

Die Natur ist für uns da. Gehen Sie häufiger in den Wald – dort bekommen Sie frische Luft und erleben atemberaubende Stille und gleichzeitig hörbares, tosendes Leben in einem. Im Wald ist es immer leise, aber niemals so still, dass man nichts hören würde: das Rauschen der Blätter, Knarzen, Rascheln im Unterholz, Vögel, die miteinander kommunizieren, vorbeisausende Schmetterlinge, Libellen, herumkrabbelnde Käfer, Ameisen, vorbeihuschende Eichhörnchen …

Der Wald ist ein Wunderwerk des Lebens, da er das Leben selbst ist. Wer mit Kindern im Wald ist, kommt langsam voran. Kinder bemerken viel mehr als wir Erwachsene. Das beginnt bereits am Waldeingang. Am Boden finden sie heruntergefallene Blätter, sonderbar aussehende Steine, die ihren Blick und somit auch ihre Hände magisch anziehen. Sie können sich oft kaum sattsehen, sattgreifen und nehmen alles mit an Kostbarkeiten, was die kleinen Taschen aufnehmen. In ihrer spielerischen Lebensfreude erkennen sie unbewusst, »wie der Hase läuft«, dass die Natur die schönsten Kostbarkeiten für sie bereithält. Einfach so, für jede und jeden. Man darf kostenlos mitnehmen, was die Natur einem schenkt. Und sie schenkt uns so viel, dass wir es niemals mitnehmen könnten.

Ebenso bietet sie uns in ihren unterschiedlichen Kleidern der vier Jahreszeiten einen Reichtum, an dem wir uns kaum sattsehen können. Obwohl Frühling, Sommer, Herbst und Winter immer gleich sind in ihrem Wesenskern, so unterschiedlich zeigen uns ihre Vielfältigkeit in ausufernder Fülle. In der Natur können wir immer wieder Neues entdecken – selbst im Altbekannten. Wenn neue Pflanzen aus vorherigem Brachland erwachsen, sich frische Baumtriebe mühsam aus dem Boden schälen, Tiere in liebevoller Kleinstarbeit ihre Nester bauen, erleben wir, dass die Natur in jeder Sekunde lebt – im für uns Sichtbaren und noch viel mehr im für uns Uneinsehbaren. Wer nur eine Handvoll Mutterboden aufnimmt, hat mehr Lebewesen in seinen Händen, als es Menschen auf unserem Planeten gibt.

Natur ist Leben in ungeahntem Ausmaß, in unbeschreiblicher Schönheit und ewiger Vollkommenheit.

In der Natur fühlen wir uns zu Hause, obwohl wir hier nicht leben. Wir werden jederzeit bei jedem Wetter und zu jeder Tages- oder Nachtzeit uneingeschränkt willkommen geheißen, als wären wir nie weggewesen. Für Seen, Flüsse, Wiesen, Äcker, Meere, Berge, Pflanzen, Tiere und so vieles mehr in der freien Natur müssen wir keinen Eintritt bezahlen. Die unbeschreibliche Vereinigung aus Stille, Ruhe, Einzigartigkeit und vollkommenem Leben, die wir vorfinden, beruhigt uns sofort, wenn wir es zulassen. Sind wir offen für das, was sich uns spiegelt, denn das ist die Natur für uns: ein Spiegel unseres Selbst.

Ohne die Natur könnten wir nicht überleben. Daher tun uns auch Blumen im Garten so gut, Topfpflanzen auf dem Esstisch, Kräuter auf der Fensterbank. Alles Natürliche bereichert unser Zuhause, uns selbst, und es trägt dazu bei, dass sich mehr Natürliches in uns zeigen kann. Die Natur lockt es förmlich aus uns heraus. Sie scheint uns liebevoll, unhörbar zuzurufen:

»Zeig dich, wie du wirklich bist, denn so bist du richtig, wie ich auch genau so richtig bin, wie ich bin in all meiner Natürlichkeit.«

Wer etwas Natürliches zu Hause hat, weiß um seine Kraft. Nicht nur Blumen, Pflanzen oder Kräuter stärken das Raumklima und unser Gemüt. Auch natürliche Einrichtungsgegenstände haben diesen Effekt. Wer einen Esstisch aus echtem Holz sein Eigen nennen darf, wird diesen hüten wie seinen Augapfel und liebend gern mit der Hand darüberstreichen und sich am Holzgeruch erfreuen – dem Duft der Natur. Gleiches gilt für alle, deren Boden mit Holzparkett oder Kork ausgelegt ist. Wie angenehm es sich auf dem natürlichen

Viel Glück ist, seinen Liebsten spätnachts eine »Ich brauche Hilfe«-Nachricht zu schicken und sofort zehn Antworten zu bekommen.

Bodenbelag geht. Kein Wunder, dass die Natur uns immer wieder anzieht, ganz gleich, wo wir sind.

Was wünschen Sie sich an Natürlichem für Ihr Zuhause?

Wie könnten Sie Ihren Alltag natürlicher gestalten?

Und wann sind Sie das nächste Mal in der Natur, um sich mit ihr zu verbinden und selbst zu spüren, wie Sie wirklich sind?

● ● ● ● ● ● ● ● ● ●

Viel Glück in der Natur ist für mich ...

Ich trete hinaus aus meinem Haus und hinein in die Natur. Ich atme den Wind, spüre die Erde barfuß durch meine Zehen gleiten und laufe zum Fluss. Die sprudelnden Quellen waschen mich vom Alltag rein. Ich schaue in die Weide über mir, ein sanftes, schützendes Dach, das mich geborgen fühlen lässt. Unter sie lege ich mich ins weiche, moosbedeckte Gras und spüre das wohl wärmende Feuer der Sonne auf meinem Gesicht. Die sanfte Brise des Windes und das Vogelgezwitscher, das mit ihm zu mir getragen wird, singen mir ihr Lied.

Ich bin ganz da, ganz klar, ganz bei mir und ganz zufrieden. Einfach sein. Das Außen ist innen – wenn ich mich in die Natur begebe, wird meine eigene innere Natur erweckt, und ich verbinde mich mit meinen Wurzeln. Ich atme tiefer und ruhiger, und ich spüre, wie die Schnüre der Zeit sich langsam lockern. Danke für dieses strahlende, wundersame Glück.

Die Natur und ihre Elemente verlangen nichts und geben alles. Sie sind wahre Kraftquellen und laden mich auf, wann immer ich es brauche. Die Erde lebt in ihren eigenen Rhythmen, und sie hilft mir dabei, meinen eigenen zu finden. Sie schenkt mir Stille und Urvertrauen.

Ich höre meinen Herzschlag, und sie erinnert mich an meine Basics.

Hier kann ich loslassen. Hier kann ich ich sein. Hier bekomme ich Klarheit, Inspiration und Weite.

Ich vernehme das atmende Leben überall um mich herum, und dadurch bekomme ich das Gefühl, nicht allein zu sein. Ich höre die Stimme der Erde, sanft und leise spricht sie zu mir von der Einheit:

»Alles ist verbunden, denn der Baum, den du siehst, hat zwar sein Eigenleben; doch ist er unter dir und in mir über das Wurzelgeflecht im Element der Erde verbunden, eins mit allen anderen aus dem Boden wachsenden Pflanzen. So bist du in deinem Körper der Baum, der mit dem lebendigen Organismus der Erde verbunden ist.«

Mona Kimmer
Musikerin und Poetin

Viel Glück ... mit Tieren

Wer selbst ein Tier in seiner Nähe hat, weiß um dessen »tierische« Glückskraft. Ein Haustier, mit dem man gern zusammen ist, kann zaubern, ohne dafür irgendwelche Tricks erlernen oder vorführen zu müssen. Es zaubert uns gute Laune ins Herz und Gesicht, wenn es etwas macht, was uns erfreut. Jagt eine Katze einem Spielball hinterher, kann man ihr minutenlang zusehen, als würde gerade ein Actionfilm im eigenen Wohnzimmer gedreht werden. Reibt sich der Hund rhythmisch auf dem Rücken über den Teppich, kommen wir aus dem Grinsen nicht heraus. Und den Fischen im Aquarium beim Herumschwimmen zuzusehen, wirkt nicht selten entspannender und heilsamer als eine intensive Therapiesitzung.

Allein ein Blick in die treuen Augen unseres

Tieres vermag etwas in uns auszulösen, das wir sonst nur von unseren Kindern kennen. Wir spüren eine tiefgehende Verbundenheit, ein »Ich bin so froh, dass du bei mir bist«.

Haustiere sind so viel mehr als das, was man auf den ersten Blick zu erkennen meint. Sie sind neugierige Spielgenossen, verlässliche Freunde, manchmal intensive Kuschelkumpanen, kräftige Raufbolde, treue Spaziergangbegleiter, nimmermüde Trostspender und vieles mehr. Ein Tier bringt uns Liebe in seiner reinsten Form. Allein durch seine Anwesenheit und die oftmals spürbare Freude, die es ausstrahlt, wenn wir es wahrnehmen, uns um es kümmern. Auch wenn manche Tiere sich nicht durch Laute oder Gesten artikulieren können, ist ihre Dankbarkeit uns gegenüber spürbar, wenn wir uns dem öffnen. Sie ist das wohl größte Geschenk, das Tiere uns machen können:

Man sieht es Tieren an, kann es spüren, wie dankbar sie sind, wenn wir sie füttern, streicheln, sie annehmen – so, wie sie sind. Ganz gleich, wie wir sind, was für Fehler, Macken, schlechte Angewohnheiten wir haben: Tiere nehmen uns immer genau so, wie wir sind. Sie lehnen uns nicht ab, nur weil wir nicht den körperlichen Idealmaßen entsprechen, stottern, schlecht riechen, miesepetrig oder hochnäsig sind. Sie interessieren sich weder für Äußerlichkeiten noch für unsere Meinungen zu welchen Themen auch immer. Ihnen ist nur wichtig, dass wir gut zu ihnen sind, so wie sie es zu uns sind, wenn wir ihnen unser Vertrauen schenken, unsere Nähe und Bereitschaft, uns um sie zu kümmern, denn sie sind von uns abhängig. Ihr Leben hängt an uns, so wie wir an ihnen hängen.

Von den Tieren können wir sehr viel lernen. Sie sind nicht nachtragend, sie belügen uns nicht oder reden uns nach dem Mund, weil sie redlich sind, ehrlich, klar und direkt. Sie eifern niemandem nach. Sie bleiben immer bei sich, machen »ihr Ding«. Sie sind stets authentisch, weil sie nicht anders können, als sie selbst zu sein. Kein Tier kann sich verstellen, so tun, als wäre es jemand anders – ganz im Gegensatz zu uns Menschen. Gibt es – außer bei Kindern – eine reinere Form des »sich genau so Auslebens, wie man ist«!?

Für Tiere existiert nur das Hier und Jetzt. Es gibt weder ein Gestern, aus dem sie uns oder sich selbst im Heute Dinge vorwerfen. Noch kennen sie ein Morgen, haben somit nichts vor, planen nichts, sind nicht berechnend und tun nur X, weil sie dadurch

Y bekommen wollen. Tiere leben den Moment, weil sie instinktiv wissen, dass nur dieser existiert – alles andere sind Hirngespinste des Verstandes.

Tiere fordern nichts, das ihnen nicht zusteht entsprechend ihrer Natur, ihren Instinkten, natürlichen Bedürfnissen. Sie streben nicht nach immer mehr Geld, Kleidung, Anerkennung, Besitz. Tiere sind aber auch keine Kostverächter und freuen sich wie wir über leckeres Futter, einen eigenen Schlafplatz, genügend Raum … Vor allem aber brauchen sie unsere Aufmerksamkeit, da nur über diese unsere Liebe zu ihnen »hinüberfließen« kann, wie ihre Liebe zu uns fließt – bedingungslos.

Oftmals nehmen sich Tiere zurück und spüren, was bei uns los ist. Manchmal nehmen sie sogar auf sich, was uns belastet. Wer schon einmal nach einem richtig bescheidenen Arbeitstag nach Hause gekommen ist und freudig von seinem Hund begrüßt wurde, weiß, wie schnell selbst die schlechteste Laune verschwinden kann, wenn man seinem tierischen Liebling den Kopf krault oder über das Fell streichelt. Tiere nehmen uns ab, was wir nicht tragen können, und geben uns das, was sie im Übermaß besitzen, weil sie es sind:

Lebensfreude. Die gelebte Dankbarkeit, zu sein.

Man spürt sie, spätestens wenn unsere Tiere schlafen gehen und sich wohlgesättigt und ausgetobt nach einem auch für sie langen Tag ins Reich ihrer geheimen Träume zurückziehen. Ein schlafendes Tier sieht nicht minder glücklich und zufrieden aus als wir, wenn wir unsere Augen schließen. Genießen wir diesen Anblick, wie jeden weiteren, wenn sie wach sind und ihr Leben so genießen, wie es ihnen zusteht.

Manchmal scheint es, als würden Tiere schneller als wir spüren, wie unsere Stimmung ist, auch wenn sie nicht wissen können, was uns inhaltlich bewegt. Nicht alle Haustiere können dies ausdrücken und für uns sichtbar machen. Doch sie sind da für uns, aufmerksam, achtsam, sensibel. Ein Tier kann der beste Freund des Menschen sein, wenn der Mensch sich auf das Tier einlässt und es bedingungslos liebt und ihm all das gibt, was es braucht, ohne es zu sehr zu »verwöhnen«. Tiere, wie wir auch, wollen immer entsprechend ihrer Art »gehalten« und behandelt werden.

Wären wir ein Hund, könnten wir auch nicht glücklich sein, wären wir den ganzen Tag in einem engen Käfig eingeschlossen. Als Reptil hingegen kann dies lebensrettend sein. Es kommt eben immer darauf an, »was Tier guttut«. Und was Tier guttut, tut auch uns gut, wie jede Tierbesitzerin weiß. Ist das Tier krank, hat es Schmerzen, leidet es, leiden auch wir, automatisch, als wäre es unser Kind. Obwohl ein Tier nicht verglichen werden kann mit einem Menschen, so eint uns beide doch unser »Eigenleben«, unsere Einzigartigkeit. Wir »beide« haben Gefühle, spüren Schmerz, haben Hunger, das Bedürfnis nach Schutz, Geborgenheit, Sicherheit, aber ebenso nach dem Auslebenkönnen entsprechend unseres »angeborenen Entdeckerdrangs«. Viele Tiere sind uns ähnlich, weswegen wir uns ihnen auch so verbunden fühlen. Tiere »wollen« keinen Krieg, wie wir. Sie wollen satt werden, wie wir, oft auch mal in Ruhe gelassen werden, einfach ihr Leben leben, so wie sie sind.

Erkennen wir die Natürlichkeit unserer Tiere, dann werden wir mit ihnen glücklich, so wie sie mit sich selbst und uns. Begreifen wir die Tiere als unabdingbaren Teil der Natur, eingebunden in ihren unbeschreiblichen Kreislauf, in dem jedes einzelne Tier

> Viel Glück ist, das Leben selbst als Geschenk zu erkennen, das jeden Tag aufs Neue freudestrahlend vor unserem Bett steht, wenn wir aufwachen.

seine Aufgabe für das »Gesamtsystem« hat, und kein Tier verzichtbar ist. Jedes wird gebraucht im Ökosystem namens Lebens – so wie wir, wenn wir uns ihm einordnen.

Lassen wir jedem Tier seine ihm eigene Natürlichkeit, so wie auch wir die unsere ausleben wollen.

Das größte Glück liegt auf dem Rücken der Pferde, heißt es. Und im treuen Gesicht seines Hundebegleiters. Im zarten Miauen der Hauskatze, die sich elegant mit aufbäumendem Schwanz um unseren Unterschenkel wickelt. Ebenso im aufgeregten Zwitschern des Kanarienvogels, im Grunzen des Hausschweins, zischelnden Schlängeln der Königspython ...

Was möchten Sie für das Glück Ihrer Tiere tun, das wiederum zu Ihrem Glück wird?

Welches Haustier hätten Sie gern (noch)?

Welche wild lebenden Tiere könnten Sie unterstützen, zum Beispiel durch regelmäßiges Füttern?

Viel Glück ist, den Jahrestag nicht vergessen zu haben, und sich auch daran zu erinnern, warum man seinen Schatz immer noch so liebt.

Ein Leben mit Tieren bedarf Hierarchie, bedingungsloser Liebe und gegenseitigen Schutzes,

den Mensch wie Tier immer auf seine Weise aus-
übt. Doch obliegt es uns Menschen, uns Gedanken
darüber zu machen, wie wir unseren Tieren ein
artgerechtes Leben ermöglichen und sie in ihrer
Natürlichkeit unterstützen können. Was wir für ihr
Glück tun, tun wir immer auch für unser Glück,
weil unseres mit dem unserer tierischen Lieblinge
verbunden ist.

Für alle unsere Bemühungen erhalten wir, je
nach Tierart, unzählige Kuscheleinheiten, witzige
Erlebnisse drinnen wie draußen, Freude durchs
reine Beobachten und verlässliche »Partner«, die
immer an unserer Seite sein werden – solange wir sie
hier sein lassen. Nicht umsonst suchen sich vor allem ältere, alleinlebende Rentnerinnen und Rentner
einen Hund oder eine Katze. Nicht als Menschen-
partner-Ersatz, aber als tierischen Lebenspartner,
der immer für sie da ist, um den sie sich sorgen und
mit dem sie ihre Zeit verbringen können. Im Gegensatz zu manch menschlicher Beziehung wird einen
ein Hund oder eine Katze niemals enttäuschen. Sie
bleiben treue Gefährten, die ihre eigenen Freihei-
ten benötigen, ihren eigenen Kopf haben, ihre eigenen Befindlichkeiten, wie die Menschen auch. Re-
spektieren wir sie so, wie sie sind, und geben wir

ihnen das, was sie für ihr Leben benötigen. Dann brauchen wir das Glück nicht suchen. Es ist bereits bei uns.

Auf vier Pfoten.

Mit zwei Flügeln.

Oder acht Beinen.

Je nachdem, was Sie glücklich macht.

Und: Wofür schlägt Ihr Herz »tierisch«?

• • • • • • • • • • •

Viel Glück mit Tieren ist für mich ...

Als meine Amy zu mir kam, war mein Herz verschlossen. »Nein, du schleichst dich nicht in mein Herz!« Nun, sie hat es schneller geschafft als irgendjemand sonst.

Amy ist eine Mischlingshündin, die als Welpe in Berlin-Marzahn ausgesetzt wurde. Ihre Verspieltheit machte mich anfangs wahnsinnig. Sie zog mich wie getrieben durch die Straßen, bis ich aufgab. Weinend schrie ich: »Dann hau doch ab«! Dann geschah das Wunder.

Amy sah mich mit ihren wunderschönen braunen Augen an und setzte sich neben mich. Der ganze Stress war mit einem Mal vorbei. Ich begriff, dass sie nur mein Inneres spiegelte und ich selbst es war, die sich dauerhaft zurückhielt, anstatt meine Abenteuernatur auszuleben. Ich hatte weder Vertrauen in sie noch in mich. Ich hatte gar kein Vertrauen!

Amy ist meine große Lehrerin. Sie lebt im Jetzt und Hier, dem einzigen Ort, wo man wahres Glück erfahren kann. Tiere sind Kraftwesen und nicht zufällig bei uns. Sie sind ein im Außen wahrgenommener Teil von uns. Bei mir waren es die bedingungslose Liebe und das

Vertrauen in Gott. Jeder hat seine tierischen Helfer, um sich selbst zu entdecken. Sie sind unser animalischer Instinkt, der uns mit unserer Natürlichkeit verbindet, uns mit bisher Verdrängtem und Unbewusstem vertraut macht. So frage ich stets: Wo bin ich genauso? Der Vogel animiert mich, eine Angelegenheit aus einer anderen Sicht zu betrachten. Die Eidechse sagt: »Tarne dich. Es ist an der Zeit, dich zu erneuern und zu regenerieren.« Das Reh erinnert mich an Sanftmut und die Verwirklichung meiner Seele.

Tiere sind die wilde Verkörperung der Liebe und öffnen unser Herz für die Zwischenwelten. Sie verbinden Jung und Alt ebenso wie Körper, Geist und Seele. Und das ganz ohne Worte!

Meine Amy ist ein Segen, und ich genieße jede gemeinsame Minute, die Gott uns schenkt!

Peggy Rockteschel
Thüringer Mystikerin,
Autorin & Moderatorin

Viel Glück ... in Gesellschaft

Gemeinsam ist schöner als einsam.

Umgeben wir uns mit Menschen, die wir mögen, leben wir richtig auf. Wir erfahren Neues, lachen miteinander, vergessen die Zeit und gewinnen Lebensfreude. Gemeinschaften leben aber nicht nur vom Feiern und geselligen Beisammensein, sondern auch vom Mitgefühl für andere, Interesse, Wertschätzung, Achtsamkeit und Verbundenheit. All das und noch viel mehr macht eine lebendige Gemeinschaft aus, die wir im Kleinen finden, bei uns im Freundschafts- und Bekanntenkreis, und im Größeren, im gesellschaftlichen Umfeld in unserer Umgebung, der Region.

Seien es Sportvereine, Häkelgruppen, Debattier- oder Schachclubs, Feuerwehren, Wassersportgruppen et cetera. Überall, wo Menschen sich zu einem Ziel oder einer gleichen Aktivität vereinen, entstehen Gemeinschaften, die sich nicht nur über das gemeinsam Angestrebte oder Erlebte definieren, sondern vor allem über den menschlichen Zusammenhalt, das einzigartige »Wir-Gefühl«, den geschlossenen Verbund in vollkommener Offenheit, wenn neue Menschen dazukommen und sich der jeweiligen Gemeinschaft anschließen wollen.

Unsere Gesellschaft, der Zusammenschluss aller Menschen, die hier in unserem Land leben, besteht aus unzähligen Gemeinschaften, die allesamt für sich stehen, aber alle ebenso die gleiche Idee in sich tragen:

Menschen mit Menschen zusammenzubringen, um gemeinsam einträchtig vielfältig zu sein – wie, wann, wo und für was auch immer.

Das Zusammenbringen von Menschen, von Gleichgesinnten, Menschen mit gleichen Interessen, Neigungen, Zielen, Wünschen, Antrieben, ist etwas unglaublich Kostbares. Es bringt nicht nur dem Einzelnen eine Menge oder der versammelten Gruppe. Auch die Gesellschaft als Ganzes profitiert, weil hierdurch elementare Verbindungen entstehen, die nicht nur für (Werk-)Stoffe oder das Geschäftsleben wichtig sind.

Man kennt sich, weiß, wer in seiner Nachbarschaft wohnt, in seinem direkten Umfeld, in der näheren Umgebung, der Region. Man hat sich nicht nur schon einmal gesehen oder kurz unterhalten, sondern etwas gemeinsam getan. Beim Umbau der Schule der Kinder mitgeholfen, beim Müllsammeln im Baugebiet, bei Reparationsarbeiten sandiger Nebenstraßen in der Nachbarschaft oder beim Hausbau des Vereinskollegen. Diese menschlichen Verbindungen können nicht nur für die Beteiligten Gold wert sein, sondern auch für die Gesellschaft. Wenn man sich auf dem »kurzen Dienstweg« gegenseitig hilft, wenn »Not am Mann« ist, kann dies für Entlastungen gesellschaftlicher Einrichtungen sorgen.

Die Finanzberaterin in Rente, die nicht nur selbst im örtlichen Tanzkreis mitmacht, sondern dort andere Vereinsmitglieder ehrenamtlich in Finanzangelegenheiten berät, ersetzt mit ihrem Engagement so manche Schuldnerberatung. Der Naturheilmediziner hilft mit seinen »Tipps nebenbei« beim Fußballtraining allen, die es hören und umsetzen wollen, vorbeugend gesund zu bleiben, und entlastet so das Gesundheitssystem. Der hoch bezahlte Gedächtnistrainer und leidenschaftliche Basketballer bringt seinen »Kids« beim Training bei, wie sie sich das Schulwissen besser merken können, und trägt so seinen Teil dazu bei, dass mehr profitieren als die hoffentlich aufmerksam mitmachenden Kinder.

Von diesen Beispielen gibt es Millionen, die allesamt im Sichtbaren stattfinden, aber nicht immer von allen gesehen werden. Wie auch immer Menschen aktiv werden für sich und andere: Tun sie es in einer Gemeinschaft, ergibt eins und eins nicht zwei, sondern mindestens vier, wobei viel mehr entsteht als alles faktisch Nachweisbare. Es erwächst ein Gemeinschaftsgefühl, wenn Menschen zusammenwirken. Dieses unbezahlbare Gefühl entsteht niemals auf Anordnung und auch nicht für alle Menschen zur gleichen Zeit. Gemeinschaft erwächst; es braucht seine Zeit, damit Vertrauen entstehen kann. Damit man weiß, »mit wem man es zu tun hat« in seiner jeweiligen Gemeinschaft. Doch spätestens dann, wenn man es weiß, geschieht etwas gar Magisches:

Das Ich-Gefühl weicht dem Wir-Sein, das viel mehr ist als eine Emotion. Es ist eine Lebenseinstellung, ein »Zusammen schaffen wir das«, »Niemand ist allein«, »Bei uns ist jeder für den anderen da«. Es ist wundervoll, dies als Außenstehende zu beobachten, wenn man sieht, wie beispielsweise die freiwillige Feuerwehr agiert, wenn sie irgendwo bei einem Einsatz aktiv ist. Wie das eine »Rad« ins andere greift, die eine sich auf den anderen verlassen kann – oftmals sogar blind, perfekt eingespielt. Als würde man sich schon seit Ewigkeiten kennen und vertrauen. Als wüsste jeder haargenau, was zu tun ist, was das gemeinsame Ziel ist, das man mit seiner Gemeinschaft verfolgt. Dieses blinde Aufeinander-eingespielt-Sein in vollkommenem Vertrauen bei der Zusammenarbeit ist einzigartig und kann wahre Wunder bewirken.

Nun ist nicht jeder Mitglied bei der freiwilligen Feuerwehr, aber vielleicht im Angel- oder Kaninchenzüchterverein, bei den »Schützen« oder einem »klassischen« Sportclub wie Fußball, Handball, Tennis, Schwimmen … Wer dort ist oder einmal zu Besuch war, weiß um das Besondere dieser Interessenvereinigungen. Es ist die Einheit aus mehreren wundervollen und fürs Kollektiv unverzichtbaren Persönlichkeiten. Ohne die eine oder den einen kein Ganzes. Ohne alle kein »wir«. Nicht nur Mannschaftssport lebt von der berühmten Maxime der drei Musketiere:

Einer für alle und alle für einen.

Wie wertvoll dieser meist unausgesprochene, aber automatisch gelebte Schwur sein kann, wissen alle, die Hilfe von Vereinsmitgliedern erhielten. Ob bei Umzügen, Renovierungen, der Organisation von Festen … Die Kameradinnen und Kameraden werden da gewesen sein, um zu helfen, so wie man selbst ebenfalls da war und sein wird, wenn jemand anderes um Unterstützung bittet.

In Gemeinschaft gelingt nicht nur alles schneller, es macht auch viel mehr Freude. Gemeinschaft ist das Gegenteil von gemein. Gemeinsam ist man in der Lage, etwas zu schaffen. Viel mehr, als eine Einzelne oder ein Einzelner es jemals schaffen kann. Als »Herdentiere« lieben wir es, unter uns zu weilen. Wir genießen den Kontakt mit anderen – am meisten, wenn sie etwas mit uns teilen. Die Liebe zur Sportart, zu Tieren, zum Hobby, zu gewissen Themengebieten, Aktivitäten, was auch immer. All das verbindet uns mit anderen, ist unser »Schmierkitt«, der den Zusammenhalt erst ermöglicht.

Gemeinschaften sind von unschätzbarem Wert für unsere Gesellschaft, weil Gesellschaft die Summe ihrer Gemeinschaften ist.

Die Gemeinschaften, die meist im Stillen handeln und Probleme lösen, leisten den wichtigsten

Teil gesellschaftlicher Hilfe. Wer nicht genug Geld hat, um sich davon ausreichend zu ernähren, weiß um den unverzichtbaren Wert von ehrenamtlichen »Tafelhelfern«. Wer schon einmal länger im Krankenhaus lag oder in einem Alten- und Pflegeheim wohnt, möchte oft auf die »Grünen Damen und Herren« nicht mehr verzichten, die ihnen die Zeit versüßen. Mit Herzlichkeit, Anteilnahme, Spielen, Gesprächen, die Neues ins Altbekannte bringen, offenen Ohren, die auch Altbekanntes immer wieder liebevoll aufnehmen, weil es hilft, seine Worte loszuwerden.

Viel Glück ist, jeden Neuanfang als das anzusehen, was er ist: ein aufregender Lebensbeginn, der nur das Beste für uns möchte.

Es ist unbezahlbar, wenn Menschen sich in ihrer kostbaren Freizeit für andere einsetzen, ihnen helfen in ihrer Not, ihr Leben verschönern. Das sogenannte Ehrenamt gehört zum Wichtigsten, was eine Gesellschaft hat. Ihre uneigennützige Hilfe ist das Fundament des gemeinschaftlichen Lebens, ein Vorbild, an dem sich andere orientieren, sich selbst anschließen können. Das Ehrenamt trägt unsere Gesellschaft, auch wenn dies nicht jeder und jedem bewusst ist. Die hingegen, die ehrenamtliche

Hilfe erhalten, wissen deren Wert sehr zu schätzen und möchten sie nicht missen. Sie sind dankbar um jeden, der ihnen hilft – auf welche Art und wie oft auch immer.

Auch die »Ehrenhilfe« jedes Einzelnen von uns ist unverzichtbar – die Hilfeleistungen, die wir als Selbstverständlichkeiten einstufen, als Kleinigkeiten, die für uns nicht der Rede wert, aber für andere von unvorstellbarem Wert sind. Sei es die Hilfe bei der älteren Nachbarin beim Zuschneiden ihres Apfelbaumes, da sie sich nicht mehr auf ihre Leiter traut. Oder das Aufpassen auf den Nachbarsjungen, der immer eine halbe Stunde eher vor der Tür steht, als seine arbeitenden Eltern es nach Hause schaffen. Genauso wie das Aufhalten von Türen für Menschen, die hinter uns gehen, die Hilfe beim Kinderwagenheben an Treppen oder Bahnen, das Mitbezahlen einer Kleinigkeit für jemand anderen, dem das Geld an der Kasse nicht reicht. Oder andere Dinge, die uns nichts oder wenig kosten, was für uns verzichtbar ist, anderen aber weiterhilft, sie erfreut, was wiederum uns erfreut.

Oft bewegen Kleinigkeiten in ihrer Summe mehr als große Maßnahmen, zu deren alleiniger Umsetzung wir nicht fähig sind. Wir alle können uns gesellschaftlich engagieren, wenn wir achtsam durch unsere Tage gehen, mitfühlend, den Fokus nicht nur auf uns werfend, sondern auf alles um uns herum. Anderen etwas Gutes zu tun, macht nicht nur den Beschenkten Freude; es bereichert ebenso uns und unser Leben, weil das lächelnde Gesicht anderer, denen wir geholfen haben, mehr wert sein kann als alles Geld dieser Welt – in diesem Moment zumindest. Die Überraschung in den Augen der anderen, die oft darauf folgende Dankbarkeit, macht uns selbst dankbar – und glücklich. Wer also nach Möglichkeiten sucht, das eigene Glück zu mehren, kann sich um das Glück anderer bemühen, denn Glück verschenken bedeutet auch immer Glück zurückzubekommen. Meist sogar mehr, als man selbst erwartet hat …

Viel Glück in der Gesellschaft ist für mich ...

Wenn ich »meinen« Kindern bei mir im Verein etwas beibringen und ganz viel Spaß mit ihnen haben kann, bin ich glücklich – und sie auch. Ich arbeite seit mittlerweile sechs Jahren ehrenamtlich als Trainer der Kinderfußballmannschaft bei uns im Dorf (einer sogenannten U 11, den Acht- bis Elfjährigen). Es macht mir richtig viel Spaß, weil ich selbst gern Fußball spiele und so das, was ich liebe, an unsere »Kleinen« weitergeben kann. Natürlich üben wir alles, was zum Fußball dazugehört, aber ich lasse mir immer wieder was einfallen, um meine Jungs und Mädchen zu überraschen, denn das macht mir einfach ganz viel Freude und ihnen auch. Zum Beispiel mixe ich zu jedem unserer Spiele einen »Zaubertrank« (eine Mischung aus allerlei Fruchtsäften), von dem jeder einen Schluck bekommt mit einer »Magische-Superkräfte«-Ansprache. Für Erwachsene mag das albern klingen, aber ich merke ja an den Gesichtern der Kids, was dieses kleine Ritual mit ihnen macht. Sie strahlen danach richtig und brüllen begeistert drauflos, wenn es gleich danach aufs Spielfeld geht. Das begeistert mich jedes Mal. Genauso, wie wenn ich sehe, wie Kinder immer besser werden, sich gegenseitig unterstützen. Dass *keiner* einen anderen schlechtmacht und dass wir uns immer gegenseitig helfen. »Ich für dich und wir für uns«, so habe ich den Spruch der drei Musketiere ein wenig abgewandelt, den wir selbst vor jedem Training sagen, um uns darum zu erinnern, wofür wir hier sind. Um *gemeinsam* Spaß zu haben, *gemeinsam* zu lernen, *gemeinsam* füreinander miteinander da zu sein. Das, was ich im Kleinen in unserem Dorfverein erlebe, wünsche ich mir auch für unsere Gesellschaft. Es ist nicht schwierig aus meiner Sicht. Das Einzige, was es dafür braucht, ist die Bereitschaft jedes Einzelnen, sich mit alldem, was er kann, in den Dienst der anderen zu stellen; wissend, dass auch diese mit alldem, was sie können, für ihn da sind. Das bedeutet dann, dass jeder Einzelne viel mehr durch diese Gemeinschaft bekommt, als er hineingibt. Wer sollte das nicht wollen!? Ich schon. Und du?

Andreas Schuler
Sparkassenkaufmann

Viel Glück ... zu Hause

Home sweet home.

Nirgendwo sonst fühlen wir uns wohler als in unserem Zuhause. Schließlich verbringen wir hier die meiste Zeit unseres Lebens. Unser Zuhause, aus wie vielen Wänden, Zimmern und Etagen es auch bestehen mag, ist unser Schutzraum, in dem wir sicher und geborgen sind. Hier bestimmen wir, wer hineinkommen darf und wer draußen bleiben muss. An keinem anderen Ort der Welt ist Geborgenheit so sichtbar und Sicherheit so spürbar. Kein Wunder, schließlich bestimmen wir nicht nur darüber, wie unser Zuhause gestaltet ist, sondern auch, was darin geschieht.

Hier wohnen wir zusammen mit unseren Liebsten oder einem Teil von ihnen. Zu Hause wird gespielt, gefeiert, entspannt, diskutiert, Sport getrieben, gemalt, gelesen, gekocht, geschlafen und so vieles mehr. Nirgendwo anders sind wir so unterschiedlich aktiv wie zu Hause, nirgendwo findet so viel Privates statt wie hier. Unsere »eigenen« vier Wände sind der verschwiegenste Geheimnishüter, den man sich vorstellen kann. Hier dringt nichts nach außen, was man nicht auch dort haben möchte. Unser Zuhause ist unsere Festung, bei der wir mit dem Zuklappen der Eingangstür all das draußen lassen, was wir nicht bei uns haben wollen in unseren »heiligen Hallen«.

Zu Hause können wir so sein, wie wir sind. Wir müssen uns nicht verstellen, keine Rollen spielen, anderen und uns nichts vormachen. Wir sind einfach wir – ungeschminkt, natürlich, wunderschön. Zu Hause können wir im Schlafanzug herumrennen, nackt, im legeren Jogger oder auch im Ballkleid oder Anzug, sofern uns danach ist. Wir können verrückt sein, herumalbern, Dinge tun, die wir in der Öffentlichkeit so nicht tun würden. In unserem Zuhause ist alles erlaubt, was wir uns erlauben.

Hier können wir allein sein, wenn wir es so entscheiden, oder mit vielen anderen gemeinsam Zeit verbringen. Wir können das Wohnzimmer komplett umräumen, wenn uns danach ist, und auch zum

Schlafzimmer machen, wenn wir uns damit wohler fühlen. Wir sind Chef und Chefin über unser Zuhause und können hier frei gestalten, uns entfalten und unsere Räume entsprechend unserer Wünsche einrichten – Kreativität ist erlaubt!

In unserem Zuhause haben wir alles, was wir für unser Wohlfühlgefühl brauchen – und zur Bewältigung unseres Alltags, denn unser Zuhause beherbergt nicht nur uns, sondern auch all das, was wir besitzen. Unsere eigene Schatzkammer, zu der nur wir den Schlüssel haben. Früher zogen Menschen mühsam in ihren Planwagen von einem Wohnort zum Nächsten. Heute brauchen manche mehrere Lastwagen, um ihr ganzes Hab und Gut darin zu transportieren.

Unser Zuhause ist der Versammlungsort all unserer materiellen wie immateriellen Erinnerungen. Die handgeschnitzte Holzfigur auf der Schlafzimmerkommode erzählt uns selbst erlebte Geschichten von unserer dreimonatigen Afrikareise. Und auch, wenn diese schon 20 Jahre her ist: Beim Anblick der wunderschönen Giraffe fühlen wir uns, als wären wir wieder da – mit all unseren Sinnen. Jedes Reisemitbringsel findet sich in unserem Zuhause wieder, wie all unsere mal mehr, mal weniger erfolgreichen

Käufe. Ein ehrlicher Blick auf unseren Kleidungsbestand zeigt nicht selten, dass Aufräumen, Verschenken, Verkaufen, Weggeben oft nicht nur für mehr Platz sorgen würde, sondern auch für Glücksgefühle in uns. Wir haben plötzlich Freiraum für Neues und spüren, wie wohltuend es ist, sich nicht nur von emotionalem Ballast zu befreien, sondern auch von materiellem.

Das Beste: Je mehr von dem unser Zuhause verlässt, was wir nicht mehr brauchen, was nicht (mehr) zu uns gehört, desto mehr Aufmerksamkeit ist da für das, was wir wirklich wertschätzen sollten. Endlich ist Platz an der Wand, an der das große Regal bisher stand, wo wir unsere selbst gemalten Bilder aufhängen und sie würdigen können, wie es ihnen und uns gebührt. Auch finden wir Dinge wieder, die wir schon verloren glaubten oder an deren Existenz wir uns gar nicht mehr erinnerten. So mancher Entrümpelungsschatz darf in neuem (Nutzungs-)Glanz erstrahlen und uns somit erfreuen.

Und falls uns der viele neue Raum zu leer erscheint: Füllen wir ihn doch mit den Dingen, die wir uns schon lange wünschten, für die bisher aber kein Platz war. Der kuschelige Ohrensessel für lang ersehnte Lesenächte, ein flauschiger Vorleger vor dem

Waschbecken für längeres Zähneputzen. Und in der jetzt freien Ecke im Wohnzimmer die ausgebreitete Yogamatte, damit beim Sonnengruß am Morgen auch wirklich die Sonne im Gesicht begrüßt werden kann – endlich!

Unser Zuhause ist unser eigener Glückstempel.

Mit einem frischen Blick in unsere Räume können wir vieles über uns erfahren. Ganz ehrlich und ohne gute Ausreden finden zu wollen: Was sagt Ihr Wohnzimmer über Sie aus? Was würden Sie selbst über sich denken, sofern Sie sich nicht kennen würden, wenn Sie zum ersten Mal bei Ihnen zu Hause zu Gast wären, zum ersten Mal das Badezimmer, die Küche, den Keller sehen würden? Niemals sollte es darum gehen, sein Zuhause so einzurichten oder zu präsentieren, damit andere damit zufrieden sind. Und doch sind wir alle durch unterschiedliche Erziehungsarten und Einrichtungsstile geprägt. All das hat auch unseren Einrichtungsstil geprägt, was zur spannenden Frage einlädt:

Wäre mein Zuhause ein Mensch: Wie würde es aussehen?

Blitzblank geputzt, mit wenigen Kleidungsstücken ausgestattet, wo alles am rechten Platz sitzt, perfekt gebügelt und gestärkt, ein Vorzeige-Zuhause für »Schöner Wohnen«? Oder sähe es chaotisch aus, mit zerrissenen Jeans, dreckigem Hemd, strubbeligen Haaren wie gerade erst aufgestanden? Wenn Sie sich Ihr Zuhause so neutral wie möglich betrachten: Was für einen Menschen sehen Sie vor sich? Und die spannendste Frage: Sieht Ihr »Zuhause-Mensch« genauso aus wie Sie?

Ja!? Herzlichen Glückwunsch, denn genauso sollte es doch sein, oder? Ein Zuhause, das der Besitzerin gleicht wie eineiige Zwillinge. Schließlich soll die, die hier wohnt, glücklich sein und nicht die Gäste. Doch in wie vielen Fällen ist dies der Fall? Wie viele Wohnungen, Häuser werden nach dem Motto eingerichtet: Das wird *mein* materielles Spiegelbild, *mein* Außen-Innen, das *mir* zu hundert Prozent entspricht!

Wie wundervoll wäre dies, wenn der sport- und reiselustige »Ich lebe im Hier und Jetzt«-Student sich zu Hause mit dem umgeben würde, was er so liebt: wenn überall Bilder aus anderen Ländern hingen, ein Surfbrett als Couchtisch diene und er in der Hängematte schliefe, in der er auch auf seinen Reisen abhängt.

Die Musikliebhaberin hätte die Wand voller

Schallplatten-Cover, in jedem Zimmer ginge andere Musik an, wenn sie den Raum beträte. Statt Spiegel würde sie die Rückseiten von CDs nutzen, eine Jukebox aus den 80er-Jahren wäre ihr Fernsehersatz, und auf ihrem Balkon würde ein einzigartiges Windspiel für Naturmusik sorgen. Bei der Naturfreundin hingegen würde man vor lauter Grün und bunten Blumenköpfen kaum die Türen finden.

Wie würde ein Zuhause aussehen, das vollkommen zu dem passt, was Sie begeistert?

Unser Zuhause ist das, was *wir* daraus machen, wenn wir uns dessen bewusst werden, dass es nicht irgendein Ort ist, sondern *unser* Ort. Unsere zweite Haut. Unser sichtbares Ich in Form von Gegenständen, die wir lieben, Formen, die uns gefallen, Farben, die uns entsprechen. Welchen Unterschied allein die Farbwahl für die Wandgestaltung machen kann, ist unglaublich. Und hierbei ist nicht gemeint, welche Farbe einen Raum kleiner oder größer macht, heller oder dunkler, aktivierender oder beruhigender. Entscheidend ist stets, wie wir uns in welchem Raum fühlen wollen, wofür er für uns steht. Welche Farbe brauchen Sie wo?

Wenn Sie mögen, gehen Sie Ihr Zuhause gern gedanklich, besser körperlich ab, Zimmer für Zimmer.

Stellen Sie sich in den jeweiligen Türeingang, betrachten Sie das, was vor Ihnen liegt, und fragen Sie sich: Wozu möchte ich diesen Raum am allermeisten nutzen, und was braucht er, damit dies bestens möglich ist? Wer sein Wohnzimmer vorwiegend zum Entspannen nutzen möchte, wird hier andere Dinge benötigen als jemand, der den Wohnraum als sportlich-kreatives Abenteuerland begreift oder als Liebesspielwiese. Es macht nicht nur unheimlich viel Freude, jedem Zimmer einen »Hauptnutzzweck« zu geben. Auch die Verbindung zu uns ist wundervoll aufregend, wenn wir uns fragen:

Was möchte ich alles unbedingt bei mir zu Hause machen, um mich hier wirklich vollkommen glücklich zu fühlen?

Wenn Sie Ihren Körper von einem anstrengenden Arbeitsleben entspannen wollen, könnten hierzu passende Gegenstände helfen, die Ihrem Körper guttun, Farben, die ihn entspannen, Klänge, die ihn innerlich massieren. Haben Sie Lust, Ihrer Kreativität freien Lauf zu lassen: Wie sind Sie am liebsten kreativ, mit welchen Materialien oder gänzlich ohne, und welcher Raum wäre hierfür der passendste?

Wenn wir uns darüber klarwerden, wer wir wirklich sind, was uns wirklich wichtig ist und was wir wirklich brauchen, um uns wohlzufühlen, haben wir alle notwendigen »Zuhause-Zutaten«. Dann braucht es nur noch die Entscheidung, unser Zuhause in so vielen Ecken und Winkeln wie möglich *zu uns* werden zu lassen. Nicht wir sollten uns unserem Zuhause anpassen, schließlich wohnt es nicht in uns, sondern wir in ihm.

Unser Zuhause ist unser wichtigster Ort, an den wir nicht reisen müssen, der immer für uns da ist und den wir so gestalten können, wie *wir* es wollen – wenn wir wissen, *was* wir wollen (und wer wir wirklich sind!). Sehen wir unser Zuhause mit neuen Einrichtungsaugen und erfreuen uns an allem, was wir von uns in anderer Form sehen. Eine wundervolle Art, sein Zuhause immer persönlicher werden zu lassen und sich jeden Tag aufs Neue verlieben zu können – in sein Zuhause und sich selbst.

• • • • • • • • • • •

Viel Glück zu Hause ist für mich ...

Inmitten des Alltagstrubels ist mein Zuhause meine Insel, mein Kokon des Glücks. Die Wände erzählen Geschichten von bunten Abenteuern und fröhlichen Erinnerungen. Überall stehen oder hängen selbst kreierte Leinwände, wie ein harmonisches Orchester, das durch Klänge und Farben in der Materie Ausdruck findet. Meine Teppiche tragen Muster der Lebensfreude, jeder Faden aus Wolle ist ein Abbild meiner persönlichen Reise. Sie laden zum Verweilen ein, umgeben von hellen Farben, die meine Seele streicheln. Unter meinen Füßen fühlt sich jeder Schritt an wie ein Tanz auf saftigem Waldboden. Überall habe ich Akzente von grünen Begleitern, meine Pflanzen, die die Luft mit Frische und Leben füllen.

Doch mein wahres Herzstück ist meine Energiekleidung.

Die bunten, fröhlichen Naturstoffe und Garne sind wie liebevolle Umarmungen, die mich mit mir selbst verbinden. Mein kleiner, offener Kleiderschrank ist meine eigene Quelle, gefüllt mit handgestrickten Alpaka-Seelenwärmern, zarter Seide und anderen schwingungsvollen Naturmaterialien. Selbst in meinen Träumen bin ich von Leinen umhüllt und in Seide gebettet.

Meine Energiekleidung ist mein tragbares Zuhause, das immer bei mir ist, egal wo ich bin. Sie ist die Verbindung zu meinem wahren Sein und meinem Energiefeld, aus dem ich schöpfe. Hier werde ich getragen, kann einfach sein, loslassen und mich dem Fluss des Lebens hingeben. Mein Zuhause ist mehr als nur ein Ort zum Wohnen – es ist mein Zuhause des Glücks.

Und wie könnte ich meine geliebte Couch vergessen? Sie hat schon einige Spuren und lebt mit mir mit. Klein, hell und knautschig ist sie, wie für mich gemacht. Oder hat sie sich mir angepasst? Gerade jetzt, während ich hier sitze und schreibe, stupst sie mich an und möchte auch benannt werden.

Wenn du das jetzt liest, denkst du sicher an Alice im Wunderland. Fast, denn mein Zuhause ist mein eigenes Wunderland, ein Ort, an dem alles schwingt und summt.

Bianca∞Aninia Löhr
Seelenstylistin,
Lichtbringerin und Unternehmerin

Inhalt